게임주
빅뱅

KB089386

이메일 vegabooks@naver.com   **홈페이지** www.vegabooks.co.kr
블로그 http://blog.naver.com/vegabooks
인스타그램 @vegabooks 페이스북 @VegaBooksCo

"웅크린 주식이 훨씬 더 높이 뛴다!"

게임주
빅뱅

김단 지음

베가북스
VegaBooks

☑️ 게임주의 역주행

주식시장에서 10배의 수익률을 올린 주식 종목을 일컬어 텐배거(tenbagger)라고 한다. 이 용어는 미국의 펀드매니저 피터 린치가 처음으로 사용한 것인데, 우리나라 주식시장에서도 거의 매년 어김없이 이같은 텐배거 종목이 탄생하여 이를 누리지 못한 투자자들에게는 상실의 아픔을 제공하기도 한다. 2017년 셀트리온은 바이오시밀러 제품들이 유럽 시장에서 높은 속도로 시장을 잠식하면서 주가가 약 6배가량 상승했다. 이처럼 짭짤한 사업에 대한 기대감이 미리 반영되어 있던 셀트리온은 이미 시가총액이 4조 원을 넘긴 거대기업이었기에 몸이 무거워 비록 텐배거가 되지는 못했지만, 뜻밖에도 셀트리온의 국내 사업 부문을 담당하는 셀트리온 제약을 시총 3,000억 원에서 3조 원으로 올려놓음으로써 텐배거로 만들어주었다. 여기서 우리는 무엇을 알 수 있을까? 몸이 너무 무거운 기업은 텐배거가 되기 쉽지 않다는 점이다.

셀트리온이 시장에 미쳤던 파급효과는 여기서 그치지 않았다. 보수적인 기관투자자들에게도 바이오라는 사업 영역에 대한 긍정적 인식을 심어주어 바이오 종목으로의 투자가 전방위적으로 이어졌다. 그 결과 지금은 상장 폐지 심사를 받고 있는 신약 개발업체 신라젠의 주가는 20배가량 상승했고, 그 외에도 에이치엘비, 박셀바이오 등 텐배거 종목들이 2017~2020년간 바이오 기업에서 꾸준히 발굴되었다. 가치투자의 관점에서 한 종목이 텐배거가 되려면 (1) '실제로 실적이 10배 상승한다' (2) '실적이 10배로 상승할 가능성이 보인다,' 이 둘 중 하나를 충족시켜야 하는데, 바이오 종목의 신약 개발 성공률은 내부자도 정확하게 추산하기 힘들 정도로 모호했다. 그래서 이 모호함이 '가능성'으로 치환되어 투자의 명분을 제공하였고 그 결과 불나방처럼 투자금의 공급으로 이어진 것이다.

들불처럼 일어났던 바이오 투자 열풍은 그 막연한 가능성이 현실로 드러나는 과정에서 여러 가지 부작용을 낳았다. 그리고 그 열풍이 끝난 시점이 바로 2021년이다. 그렇지만 2021년에도 텐배거 종목은 어김없이 탄생했다. 2020년 4,000원대에 머물렀던 게임 '쿠키런'의 개발사 데브시스터즈가 19만 원을 돌파하며 40배 넘게 상승했고, 마찬가지로 2020년 15,000원대를 유지하던 '미르의 전설'의 개발사 위메이드 주가가 24만 원을 돌파하며 16배 가까이 상승한 것이다. 이 종목들의 주가가 이토록 단시간에 빠르게 상승한 원인은 간명하다. 오랜 기간 준비해온 게임이 흥행에 성공하여 실적이 급격하게 좋아진 것이다.

실제로 데브시스터즈는 2020년 기준 영업손실이 무려 60억 원이었지만, 2021년에는 반대로 563억 원에 달하는 영업이익을 냈다. 그런가 하면, 위메이드는 2020년도 영업손실이 140억 원인 적자기업이었지만 2021년에는 1,009억 원에 달하는 영업이익을 달성했다. 각각 '쿠키런 킹덤'과 '미르의 전설4'라는 게임이 흥행에 성공한 탓이다.

위의 예에서 볼 수 있듯이, 게임 기업은 영업 실적의 상향 변동성이 그 어떤 사업군보다 높다. 가령 크래프톤의 김창한 PD가 30억 원을 투입해 1년이 채 안 되어 개발한 배틀 로얄 FPS 게임 '배틀그라운드'는 글로벌 서비스를 시작한 지 16일 만에 100만 장을 팔았고, 13주 만에 400만 장을 팔며 누적 매출 1억 달러를 찍었다. 그리고 2018년에는 매출 10억 달러 고지를 차지하며, 그해 전 세계에 있는 모든 유료게임을 통틀어 1위를 차지했다. 여기서 중요한 것은 '배틀그라운드' 매출의 95%가 해외에서 발생했다는 점이다. 사업을 확장하는 데 드는 비용인 한계비용이 거의 없기 때문에 가능했던 일이다. 가령 하이퍼로컬 비즈니스의 상징이 돼버린 당근마켓은 사업을 시작한 지 3년 만에 업력 30년 이상인 신세계의 기업가치를 가뿐히 제쳤다. 앱 비즈니스의 특성상 사업 확장에 드는 비용이 다른 사업에 비해 절대적으로 적었기 때문이다.

주가 상승률이 가파른 모든 기업의 공통점은 바로 한계비용이 적다는 점이다. 그리고 한계비용이 적은 사업의 특징은 세 가지 형태로 나타난다. 첫 번째는 압도적인 브랜드 가치 위에서 적은 비용으로 생산하여 전 세계 국가로 판매하는 경우다. 예컨대 루이비통 그룹은 이미 축적해놓은 브랜드 가치를 기반으로, 다양한 국가에서 제품을 ODM 식으로 값싸게 제작한 다음, 전 세계적으로 고가에 판매하는 식으로 영업이익을 급속도로 증가시켜왔다. 루이비통 그룹의 베르나르 아르노 회장은 일론 머스크와 제프 베이조스에 이어 세계 부자 3위이며, 그의 재산은 빌 게이츠, 구글 창업자 래리 페이지와 세르게이 브린, 워런 버핏을 뛰어넘는다. 독자적 브랜드 구축에 성공한 기업은 자신의 상품을 가격에 비해 적은 비용으로 무한히 찍어냄으로써 큰돈을 벌어들이게 된다. 비슷한 사례로 2014년 5배 가까이 오른 아모레퍼시픽은 한류 열풍을 지렛대 삼고 면세점 채널과 보따리상을 십분 활용해서, 자신들이 제조한 고급 화장품 라인을 중국에 집중적으로 판매하면서 영업이익을 단기간 내에 급속도로 끌어올렸다.

두 번째는 압도적인 생산 경쟁력으로 소위 '초격차'를 만들어내어 그 사업을 독과점한다는 특징이다. 가장 두드러진 예로, 반도체 사업이 이러한 양태를 보인다. 연구개발(R&D)에 막대한 투자를 하여 높은 성능의 제품을 출시함으로써 경쟁사의 상품의 가치를 끌어내리고 시장을 잠식하는 것이다. 2000년대 초 삼성전자와 SK하이닉스가 이러한 방식을 통해 주가와 영업이익을 극도로 끌어올렸다. 그러나, 2022년 현재 이런 두 가지 방식을 통해 텐배거가 발굴되기란 쉽지 않다. 브랜드 가치라는 것이 단기간에 생겨나지 않는 데다, 이미 브랜드 가치를 축적해놓은 기업들은 시장 다각화를 통해 사업을 전방위적으로 확장해놓았기 때문이다. 그러니까, 브랜드를 통한 한계비용 감소의 단물을 이미 다 빨아먹은 상태라는 얘기다. 점진적인 우상향 추세는 가능할지 모르지만, 드라마틱한 변화를 만들어내는 시장은 아니라는 것이다. 또한, 반도체와 2차 전지 영역에서 그들의 미래 실적 추이는 상상력은 다소 부족해도 정량적 예측에 강점이 있는 기관투자가들에 의해 이미 주가에 반영되었다.

그렇다면 마지막 세 번째 특징은 무엇일까? 전 세계를 상대로 하여 '아이디어'라는 무형의 재화를 판매한다는 점이다. 우리는 이런 형태의 비즈니스에 주목해야 한다. 이 업계에서는 '잘나가는 게임 하나가 회사를 10년은 족히 먹여 살린다'는 말을 자주 들을 수 있다. 과장이 아니다. 예컨대 컴투스 주가는 2014년 1만 6천 원에서 19만 원까지 올라 텐배거를 기록했다. '서머너즈 워'라는 게임이 지구촌 전역에서 크게 흥행하여, 2013년 4분기 5천만 원에 불과하던 영업이익을 2014년 3분기 500억 원 수준으로 끌어올렸기 때문이다. 게임 제작 비용, 서버 관련 비용 단가, 게임을 해외에 프러모션하는 퍼블리싱 비용 등이 모두 점진적으로 줄어드는 추세다. 이에 반해 하나의 게임이 제대로 흥행했을 때 벌어들이는 수익은 투자한 금액에 비해 상상을 초월할 정도

게임주 빅뱅

로 막대하다. 30억 원을 들여 연 1조 원을 벌어들이는 '배틀그라운드'를 보면 알 수 있지 않겠는가.

인스타그램은 사업을 시작한 지 2년 만에 1조 원이라는 어마어마한 가격에 페이스북에 매각되었다. 플랫폼 기업이 가진 기하급수적 성장의 이점이 바로 이런 것이다. 그러나 인스타그램이 막 첫발을 뗴었던 2년 전에는 그 누구도 이런 성장을 예측하지 못했을 터. 결국, 아이디어 재화의 흥행 가능성을 어느 정도 미리 알고 있어야 투자수익률을 끌어올릴 수 있는데, 이런 점에서 게임주 투자는 정말 예측 불가능한 영역일까? 아니, 전혀 그렇지 않다. 그리고 이것이 내가 이 책을 쓴 이유다.

어떤 게임 기업이 오랜 기간 개발해놓은 게임을 글로벌 규모로 출시한다고 가정해보자. 이 회사는 그것을 단번에 개발해서, 단번에 전 세계에 퍼뜨리지 않는다. 모든 일의 진행에는 반드시 거쳐야만 하는 단계들이 있기 때문이다. 게임 개발에는 통상적으로 2~3년이란 시간이 걸리고, 상장사의 경우 의무적으로 개발 진척 상황과 게임 출시 일정을 각종 보도와 사업보고서나 IR 자료에 기재해놓는다. 그리고 게임의 개발이 끝나면, 국내 시장 혹은 테스트 대상 국가부터 차례차례 게임을 내놓는다. 이런 과정을 차근차근 밟고 나서야 비로소 글로벌 출시로 막대한 영업이익을 끌어오는 것이다.

이것이 게임주 투자가 가진 매력 요인이다. 우리는 데브시스터즈와 위메이드와 컴투스가 10배 넘게 오르기 전 미리 그들의 게임을 접해볼 기회가 충분히 있었다. 심지어는 그들의 게임에 대한 커뮤니티의 반응까지도 미리 채집할 수 있었다. 게임주에 대한 투자를 'Medium Risk‒High Return(중위험-고수익) 게임'이라고 부를 수 있는 이유가 바로 이것이다. 우리가 대형 게임주들에 병행 투자한다든지 신규 게임 론칭 게임사를 포함해 분산 투자한다면, 이 중간 정도의 미디엄 리스크조차도 충분히 줄일 수가 있다. 무엇보다 모바일 게임 시장은 해마다 10%씩 성장하는 고성장 시장이기에, 성장주 투자자라면 너무도 당연히 이 영역에 관한 조망이 필요하다.

단언하거니와, 게임주는 약간의 공부만 선행된다면 당신의 포트폴리오에 가장 강력한 엣지(edge)가 되어줄 가능성이 농후하다. 그리고 나는 이 책에서 그 이유와 방법을 자세하게 서술하고자 한다. 우리나라의 게임 콘텐트 개발 역량은 ―'유희(놀이)의 민족'답게― 가히 세계 최고 수준이다. 2010년 핀란드 헬싱키에 설립된 '클래시 오브 클랜'을 만든 슈퍼셀(Supercell)은 2년에 한 번씩 일정한 루틴에 맞춰 게임을 출시하며, 그 모든 게임이 현재까지 흥행에 성공했다. 5명의 개발자로 시작한 이 회사는 지금 매년 2조 원이 넘는 매출을 올리고 있다. 그리고, 아시는가, 현재 국내 판교에도 포스트 슈퍼셀이 될 자질을 갖춘 기업들이 즐비하다. 일례로 20명의 개발팀이 만든 '배틀그라운드'는 시가총액 13조 원이 넘는 오늘의 크래프톤 제국을 건설했다. 이 책을 통해 게임주 투자에 대한 감각을 키우고 모두가 꿈꾸는 경제적 자유에 한층 더 가까워질 계기를 마련하시길 진심으로 기원한다.

2022년 5월 서울에서

김 단

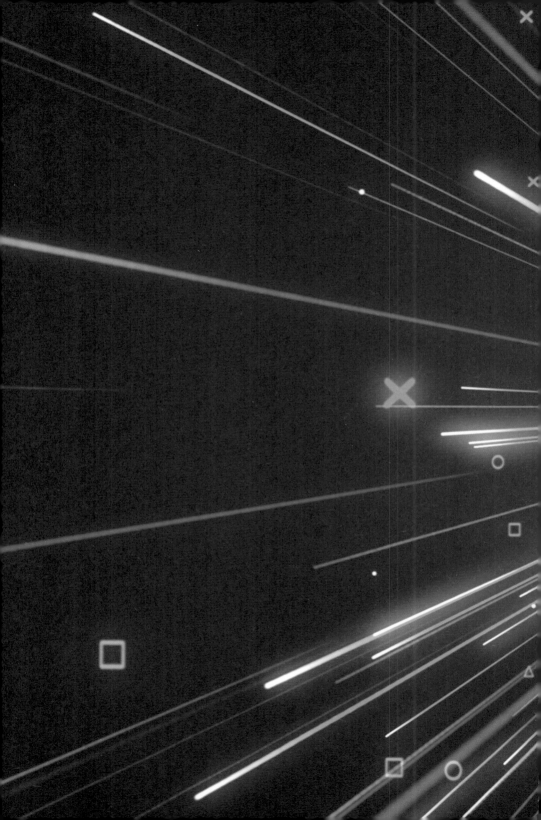

PART 1

게임주의 매력

게임주는 저평가되어있다

가치투자란 용어를 자주 들어봤을 것이다. 이를 한마디로 정의하자면, '실적'을 투자 척도로 삼고 미래에 실적이 좋아질 기업을 선매수하여 그 실적이 가시화될 때까지 기다리는 일체의 행위라고 할 수 있다. 앞으로 2년의 기간 동안 현재의 주가 대비 가장 많은 영업이익을 실현하게 될 섹터가 바로 지금의 게임 산업이다. 다시 말해서, 지금 게임주에 투자하는 것이 최고의 가치투자일 거라는 얘기다.

게임의 본질은 '매력적인 세계관의 구축'이다. 그리고 우리나라의 게임 산업은 20년간 쌓아온 경험과 역량을 바탕으로 블록체인, NFT,

메타버스, 콘텐트 산업에 침투하여 비즈니스의 '파이 자체를 비약적으로 키울 잠재력을 갖춘 산업군이기도 하다. 한 마디로 예측 불가능한 업의 특성으로 인해 가장 저평가되어있지만, 역설적으로 가장 성장 잠재력이 큰 분야가 바로 게임 산업인 것이다.

2017년에 거세게 불어온 바이오 열풍은 신약 개발이라는 모멘텀을 가진 수많은 텐배거 종목을 양성시켰으나 지금에 이르러 그 버블은 꺼져가고 있다. 왜 그럴까? 결론적으로, 기대감은 충만했지만 실제로 돈을 벌지 못했기 때문이다. 바이오 광풍 속에서도 살아남은 것은 의미 있는 수익을 구현하는 삼성 바이오로직스, 셀트리온 등의 바이오시밀러 사업군과 씨젠, SD 바이오센서 같은 진단 사업군이었다. 각종 IR과 언론을 통해 밝은 청사진에 대한 기대감을 불어넣어 투자자들을 끌어모은 신약 개발업체들은 줄줄이 몰락했다. 임상에 실패했고, 한마디로 돈을 벌지 못했기 때문이다.

그렇다면, 우리나라의 게임 산업은 어떨까? 제대로 돈을 벌고 있을까? 비상장사인 스마일게이트를 제외하고 국내 10대 게임 기업을 들자면 다음과 같다. 크래프톤, 엔씨소프트, 넷마블, 카카오게임즈, 펄어비스, 위메이드, 컴투스, 더블유게임즈, 웹젠, 데브시스터즈. 주요 기업으로 넥슨도 있지만, 이는 넥슨 재팬이란 이름으로 도쿄 거래소에 상장되어 있으니 제외하기로 한다. 이들 10대 게임사의 영업이익을 모두 합치면 2018년 1조 7천억 원, 2019년 1조 5천억 원, 2020년 2조 5천억 원, 2021년 2조 2천억 원을 기록했다. 삼성전자가 한 해 5~6조 원가량의 영업이익을 내는 것과 비교했을 때, 결코 적다고 할 수 없는 금액이다. 현재 게임 산업의 주요 수익 모델이 MMORPG 산업의 유료 결제이긴 하지만, 이 비즈니스 모델의 양적 가치는 국내 증시에서 결코 무시할 수 없는 수준이라는 얘기다.

또, 시총(시가총액)이라는 관점에서 보면 어떨까? 이들의 합산 시총은 2022년 3월 7일 기준 약 50조 4천억 원이다. 2022년의 '예상' 영업이익 총액이 3조 원에 육박한다지만 아직 실현되진 않았기에 2021년 영업이익을 대신 적용해보면, 시가총액/영업이익 비율이 23배밖에 되지 않는다. 헬스케어 업종이나 영상 제작사들의 그것이 60배를 훌쩍 넘어가는 것과 극명히 대비된다.

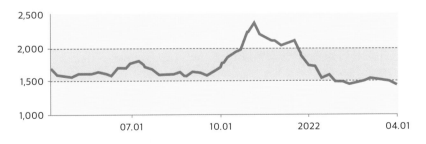

◉ 에프엔가이드의 게임 산업 지수 변화 (자료: 에프엔가이드)

위의 차트를 한번 보자. 에프엔가이드의 게임 산업 지수의 움직임을 보여주는 차트다. 유가증권 및 코스닥 상장 종목 중 게임 기업들의 시가총액을 가중 평균했다. 여기서 확인할 수 있듯이, 게임 기업의 시가총액은 2021년 하반기 최고점을 찍은 후 2022년 들어 상승분 이상을 반납하며 저점을 향해 치닫고 있다. 그러나 앞으로 계속 언급하겠지만 2022년 게임 산업은 역사상 최대 실적을 거둘 것이다. 올해는 게임 기업의 총 영업이익이 3조 원을 돌파하는 한 해가 될 것이다. 이러한 기대 실적과 주가의 비대칭은 '기회'라는 단어로 치환될 수 있다.

보통 각 연도를 기준으로 살펴보았을 때 개별 게임업체가 신작 론칭으로 기대감을 모은 적은 있지만, 올해처럼 거의 모든 게임업체가 '역대급' 호재를 보유했던 적은 단 한 번도 없었다. 어느 업종에 대한 상대적 저평가는 개별 종목의 두드러진 퍼포먼스만으로 해소되지 않는다. 그 산업을 구성하는 종목 대다수가 좋은 실적을 보여주고, 이를 통해 기관투자자의 인식이 전환되었을 때 시장의 주도주로 자리매김하는 것이다. 그런데 올해(2022년)는 다름 아닌 게임 산업이 그런 인식의 전환을 불러올 해가 될 것이다.

좀 더 구체적으로 살펴보자. 우선 맏형 넥슨부터. 글로벌 누적 이용자 수 8억 5천만 명, 누적 매출 22조 원을 기록한 '던전 앤 파이터' IP를 활용하여 '던파 모바일'의 글로벌 출시와 콘솔 버전 '카트라이더: 드리프트'의 론칭을 계획하고 있다. 국내에 먼저 출시된 '던파 모바일'은 첫날 접속자 수 100만 명이 몰리며 한때 '리니지' 시리즈를 제치고 애플 앱스토어 매출 1위를 기록하는 쾌거를 이룩했다. 엔씨소프트는 '리니지 W'의 서구 권역 출시와 신규 IP '프로젝트 TL' 론칭을 앞두고 있는가 하면, 넷마블은 2022년에 라인업되어 있는 게임만도 12개다. 그리고 크래프톤은 AAA급 콘솔 대작 '칼리스토 프로토콜' 출시를 계획하고 있으며, 펄어비스는 '검은 사막'의 중국 출시를 앞두고 있다. 컴투스도 분주하다. 무려 8년 만에 글로벌 다운로드 1억 회를 자랑하는 자체 IP '서머너즈 워'를 계승한 '서머너즈 워: 크로니클'을 출시하기로 되어 있다. 일일이 열거하기도 벅찰 정도로 많은 호재가 2022년에 집결되어있는 것이다.

2022년 하반기에 위에서 나열한 여러 가지 이슈가 이어진다면, 기관투자자 입장에서는 필연적으로 게임 산업을 지켜볼 수밖에 없을 것이다. 그리고 그런 기대감은 이후의 실적으로 충족될 것이다. 또 충족된 기대는 행동으로 이어지면서 게임 주식은 올해의 주도주로 당당히 자리매김할 것이다. 1997년 업계 선구자에 의해 시작된 '바람의 나라'와 '리니지'는 대한민국을 게임 강대국으로 탈바꿈시켰다. 그리고 그들의 뒤를 이어 많은 업계 후배들이 신념을 발전시켜 산업을 개척해왔다. 올해는 이들이 지난 24년간 응축시켜놓았던 그들의 노하우와 피-땀-눈물이 빅뱅처럼 폭발하는 역사적인 한 해가 될 것이다.

무엇이 게임주의 저평가를 초래했는가?

국내 게임 산업은 넥슨에 의해 디자인되었다고 표현해도 무방할 정도로 넥슨은 국내 게임사에 공헌한 바가 크다. 그중에서도 가장 본질적인 요소가 바로 한국형 MMORPG 장르의 개발과 그로 인한 "과금(課金)" 비즈니스 모델의 설계이다. 80~90년대까지만 하더라도 게임은 '산업'이라는 용어 자체를 붙이기 부끄러울 정도로 불모지였고, 오락실 위주로 형성되어 있었다. 그러다 1999년 ASDL 기반 초고속 인터넷 서비스가 본격적으로 나온 뒤 '스타크래프트'와 '바람의 나라' 그리고 '리니지'가 탄생했다. 이 세 게임은 사회 전반에 깔려있던 게임에 대한 부정적인 인식을 하나의 놀이 문화로 바꿔주었다. 특히 '바람의 나라'와 '리니지'는 다중접속 역할수행 게임, 즉, 'MMORPG'라는 게임 장르를 대중화하는 역할을 해주었다. 그리고 지금도 우리나라 게임업계는 영업이익의 80% 이상을 바로 이 MMORPG 장르에서 얻고 있다.

MMORPG는 판타지 요소에 기반을 둔 매력적인 세계관을 유저들에게 제시하고, 유저들은 캐릭터와 자신을 동일시하면서 그 세계 속 일원이 된다. 그리고 애착을 갖게 된 캐릭터를 육성하기 위해 시간과 돈을 아낌없이 투자하게 된다. 90년대 초-중반 게임업계의 주요 비즈니스 모델은 '소프트웨어의 판매'였다. 재미있는 게임을 CD-ROM에 담아 이를 일정 금액을 받고 유통사를 통해 판매하는 구조였다.

그러다 넥슨이 '바람의 나라'로 변화를 몰고 왔다. 월 정액제 비즈니스 모델을 개발한 것이다. MMORPG 게임을 이용하는 대가로 월 3만 원 수준의 돈을 게임사에 내도록 만든 것이다. 넥슨은 이렇게 거두어들인 막대한 자금으로 '던전 앤 파이터', '카트라이더', '메이플 스토리' 등 굵직굵직한 IP를 개발하는 데 성공한다. 이후 넥슨은 게임 자체는 무료로 즐기더라도 아이템은 돈을 받고 판매하는 소위 '부분 유료화 모델'로 전환한다. 이 또한 큰 성공을 거두면서 오늘날 게임 산업의 주요 비즈니스 모델로 정착했을 뿐 아니라, 게임의 산업화에 혁혁한 공을 세웠다. 이후 오늘날 혹독한 비난의 표적이 된 '확률형 아이템 비즈니스 모델'을 개발한 것 또한 넥슨이었다. '확률형 아이템'이란 게임사가 정해놓은 확률에 따라 다양한 등급의 아이템을 무작위로 뽑는 형

식이다. 2004년 일본 넥슨은 이벤트 형식으로 '메이플 스토리'에 확률형 아이템인 '가챠포(ガシャポン) 티켓'을 출시했는데, 이에 대한 매출이 급증하자 이를 자신들의 다른 게임에도 적용하기 시작했다. 이 비즈니스 모델은 거의 모든 국내 MMORPG 게임에 도입되어 이들의 이익을 폭증시키는 데 중요한 역할을 했다.

지금은 월 정액제 비즈니스 모델이 거의 없어진 상황이고, 대신 '부분 유료화'와 '확률형 아이템'이 국내 게임 산업을 떠받치는 두 개의 큰 축이 되어 있다. 넥슨이 개발한 이 두 가지 비즈니스 모델이 이토록 게임 산업을 성대하게 키웠지만, 그런 수익 모델에 대한 정서적 저항감이 수급의 악화로 이어졌으며 게임주들은 그 잠재력에 비해 상대적으로 저평가받게 되었다. 굳이 게임의 본질을 따진다면 일상의 스트레스에서 잠시 탈피하여 가상 공간에서 즐거움을 찾도록 도와주는 것일 터인데, 주객이 전도되고 게임에 매몰되어 현실을 도외시하고 많은 돈을 결제하도록 유도한다는 인상을 주었기 때문이다. 그리고 이러한 인상은 비즈니스 모델의 영속성에 대한 회의감을 불러일으키기도 해, 게임주에 아예 투자하지 않거나 혹은 단기적 추세에만 발맞춰 투자했다가 바로 매도하는 식의 단발성 투자만 하는 사람들이 많았다. 게임 종목의 투자자 평균 보유 기간이 다른 종목에 비해 유독 짧은 것도 바로 그런 이유에서다. 한마디로 정리하자면, 게임업은 투자자의 신뢰를 확보하지 못했던 것이다.

게임주 빅뱅

셀트리온은 최소 5년 이상 이 주식을 보유한 강성 주주들이 많은 것으로 유명했다. 서정진이라는 걸출한 CEO에 대한 신뢰도 있었지만, 근본적으로 바이오시밀러 사업이 제공할 선한 미래에 많은 사람들이 동조했다는 사실도 큰 몫을 했다. 거대 제약사들이 특허권을 빌미로 특정 바이오 의약품을 고액으로 제공해왔으나, 바이오시밀러는 그런 의약품의 특허권 만료 시기에 맞춰 이를 복제해 싼 가격으로 환자들에게 판매하는 사업이다. 사회에 유익할뿐더러, 또렷한 부가 가치를 제공하는 사업이라는 얘기다.

투자 가치를 평가할 때 그 대상 기업의 '인상'이 주는 영향력은 생각보다 크다. 구글, 페이스북 등의 IT 업체를 일컫는 '빅 테크'라는 신조어가 등장한 후, 그들이 개인 정보 수집이나 광고 매출 증대에 공룡 같은 영향력을 남용하고 있다는 인식이 퍼지자 그들의 주가는 폭락했다. 이용자들의 반발 심리가 그들의 비즈니스 모델을 뒤흔들 수 있기 때문이다. 국내 기업으로는 카카오가 똑같은 경우여서, 지역상권 진출, 경영진들의 먹튀 등 윤리적 문제들이 불거지자 카카오 주가는 큰 폭으로 하락했다. 비슷한 사례는 또 있다. 지금 풍부한 수익을 내고 있음에도 주가 폭락을 경험한 미국의 전통 석유업체들이나, 반대로 비즈니스 전망이 불투명함에도 주가는 폭등했던 테슬라, 니콜라 등의 전기차 업체와 신재생에너지 기업들이 그렇다. 역시 투자 대상 기업을 향한 감성이 중요함을 새삼 실감하게 된다.

어떤 비즈니스가 사회에 긍정적인 부가 가치를 제공하거나 적어도 부정적인 영향을 주지 않는다고 생각될 때, 그들 종목의 주가는 실적 이상으로 날아오를 수 있다. 게임 산업이 고수하고 있는 현재의 과금 체계는 그 업계를 키운 동력임과 동시에 그 발전을 저해하는 장애물이기도 하다. 엔씨소프트는 한해에도 4,000억 원이 넘는 영업익을 거두는 거대기업이지만, 동시에 유저들로부터 가장 많은 비난을 듣고 있는 기업이기도 하다. 이 점이 그들의 비즈니스 모델의 영속성에 대한 의혹을 증폭시켜, 주가가 실적과 관계없이 바닥 수준을 헤매도록 만드는 것이다. 반대로 스마일게이트가 1,000억 원을 들여 만든 RPG 게임 '로스트아크'는 스팀(Steam)이라는 세계 최대 게임 플랫폼에서 동시접속자 수 130만 명으로 '배틀그라운드'에 이어 역대 2위를 기록하며 서구권 내 한국산 MMORPG의 저력을 보여주고 있다. 유저들에게 이 '로스트아크'는 착한 게임으로 인식되고 있다. 왜 그럴까? 우선 스팀이라는 형태를 통해 시작과 동시에 게임을 패키지 형태로 판매함으로써 매출을 일으키고 이후 추가 과금은 거의 없다는 점이 그 이유다. 게다가 이 패키지 금액이 아깝지 않을 만큼 전반적인 게임성이 압도적으로 뛰어나다는 점도 그런 인식을 가져왔다.

한마디로 요약해보자. 같은 MMORPG 게임이라도 어떻게 개발되고 어떤 식으로 판매되느냐에 따라서 유저들의 반발을 최소화하고 호응을 끌어내는 방법은 분명히 있다는 것이다. 그래서 엔씨소프트도

2021년 11월에 출시한 '리니지 W'에 자신들의 과금 요소를 대폭 축소했고, '리니지 W'를 서구권 지역에 집중 공략함과 동시에 '프로젝트 TL'이라는 새로운 IP의 게임을 출시하여 리니지에 대한 비난을 희석하면서 새로운 수익원을 찾기 위한 노력을 계속하고 있다. 그 밖의 다른 게임사들도 이러한 자신들의 약점들을 방어하기 위한 노력을 게을리하지 않고 있다. '저과금' 게임을 출시하여 동남아, 일본, 북미, 유럽 등 글로벌 미개척 지역으로 무한히 확장하거나, 돈을 쓰는 게임이 아니라 돈을 버는 게임인 P2E 게임의 출시, 한 번의 패키지 구매로써 영속적으로 게임을 즐길 수 있는 콘솔 게임과 스팀 플랫폼을 활용한 게임의 출시 등이 바로 그것이다. 그리고 이러한 과금 유도 비즈니스 모델을 벗어나기 위한 노력이 결실을 보는 분기점이 바로 2022년이 될 것이며, 이를 계기로 게임 산업에 대한 정서적인 저항감이 어느 정도 희석되리라 예상한다.

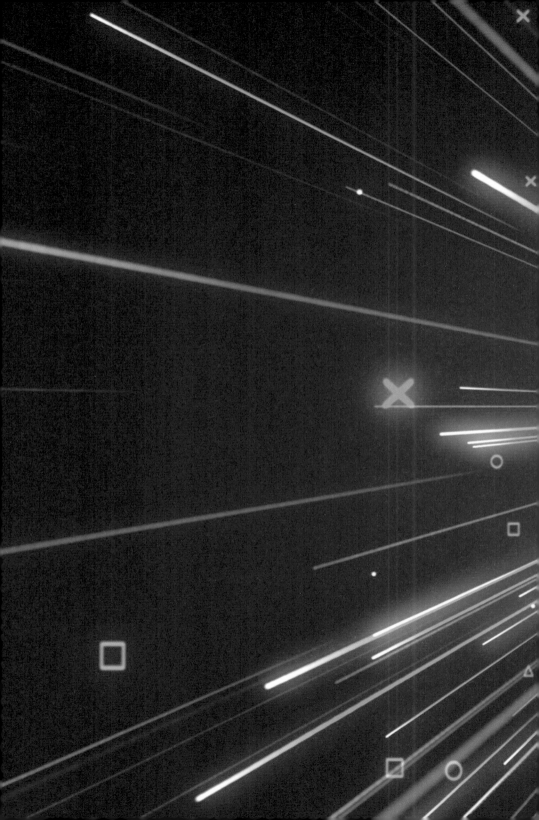

PART 2

게임 산업과 게임사를
바라보는 시각

게임 산업 Overview

게임 시장에 관한 한 가장 신뢰를 얻고 있는 네덜란드의 시장조사기 관 뉴주(Newzoo BV)에 따르면, 2021년 글로벌 게임 산업의 매출 규모 는 아래와 같다:

- 모바일 게임 약 932억 달러 (약 115조 원)
- PC 게임 367억 달러 (약 45조 원)
- XBOX와 플레이스테이션 등 콘솔 게임 504억 달러 (62조 원)
- 총 1,803억 달러 (223조 원)

이러한 글로벌 게임 시장은 앞으로도 연평균 13% 수준으로 고성장하여 2025년에는 2,600억 달러 수준으로 커질 것으로 전망된다. 그리고 한국의 게임 산업 규모는 2021년 기준 약 19조 원 수준인데, 대중의 인식과는 달리 이것은 국내 GDP의 약 9%를 차지할 정도로 거대한 산업이다.

우리가 게임이라 부르는 것에는 크게 여섯 개의 장르가 있다고 이해하면 되겠다.

- RPG(Role-Playing Game) • FPS(First-Person Shooter),
- 보드 게임(Board Game) • 소셜 카지노(Social Casino)
- 캐주얼 게임(Casual Game) • 스포츠 게임(Sports Game)

RPG 게임은 게임사가 설계해놓은 판타지 세상 속 캐릭터를 연기하며 즐기는 종류의 게임을 말하며, 리니지, 오딘, 검은 사막, 메이플스토리, 던전 앤 파이터 등 매출 순위 상위를 차지하는 거의 모든 게임이 바로 이 RPG 장르에 속한다. 그중에서도 특히 MMORPG(Massively Multiplayer Online Role-Playing Game) 형식은 다수의 유저가 온라인으로 접속하여 각자의 역할을 수행하면서 즐기는 게임을 가리킨다. 최근 거의 모든 RPG 게임이 온라인에서 구현되므로, 이들은 모두 MMORPG 장르에 속한다고 보아도 무방하다.

게임주 빅뱅

두 번째 FPS 게임은 1인칭 슈팅 게임을 말한다. 내가 사물을 보는 시점과 같은 화면에서 무기나 도구를 이용해 전투를 벌이는 슈팅 게임을 지칭한다. 이 장르에 속하는 유명한 게임으로는 '서든 어택', '배틀그라운드', '콜 오브 듀티' 등이 있다. 세 번째 보드 게임은 포커, 고스톱, 바둑, 장기 등 어떤 '판(보드)'을 앞에 두고 도구를 이용해 즐기는 종류의 게임을 말한다. 그리고 보드 게임의 한 분야로 봐도 좋을 소셜 카지노 게임은 특히 오프라인 카지노를 모사한 환경에서 온라인의 유저와 게임 머니를 두고 경쟁하는 카드류의 게임과 슬롯 머신 두 가지를 합친 말로 쓰인다. 다섯 번째, 캐주얼 게임은 앞선 네 가지 이외에 간단한 조작으로 짧은 시간 내에 즐길 수 있는 게임을 통칭해서 부른다. 우리가 익히 알고 있는 '애니팡', '캔디 크러쉬 사가', '앵그리버드', '카트라이더' 등이 이에 속한다. 그리고 마지막 스포츠 게임은 '피파 온라인', '위닝 일레븐'처럼 고품질의 그래픽으로 스포츠 경기 환경을 묘사한 게임을 뜻한다.

그런데 이들 여섯 가지 게임 장르에는 한 가지 공통점이 있다. 그 게임만이 가지고 있는 특유의 비주얼과 게임성이 있다는 것이다. 즉, 모든 게임에는 그 게임을 다른 게임과 구별되도록 만들어주는 고유의 특색이 존재한다는 얘기다. 한 게임의 세계관과 캐릭터 하나하나는 게임 회사의 엄연한 지적 창작물로서 법적으로 보호된다. 이를 명시화한 것이 IP(Intellectual Property), 즉 지적재산권이다. 그러니까, 게임 산업은 한 마디로 새로운 IP를 탄생시키고, 그 IP를 발전시키는 전쟁이라고 표현할 수 있다. 해당 기업의 IP의 경쟁력이 곧 그 기업의 경쟁력이라고 보아도 무방한 상황이다.

가령 마이크로소프트는 2022년 1월 액티비전 블리저드(Activision Blizzard)를 무려 82조 원에 인수했다. 자사의 콘솔 게임 기기인 XBOX의 경쟁력을 강화하기 위한 초강수이며, 그만큼 블리저드가 가진 IP의 흥행력이 우수하다고 판단했기 때문이다. 블리저드는 2년에 한 번 게임을 출시할 정도로 다작하지 않는 것으로 유명하다. 블리저드는 '디아블로', '월드 오브 워크래프트', '스타크래프트', '오버워치' 등 4개의 굵직한 IP를 계속해서 재활용하여 연 4조에 달하는 영업이익을 벌어들이고 있다. 그중에서도 특히 디아블로는 1/2/3/4, 2 레저렉션, 3 이터널 컬렉션, 3 강령술사의 귀환, 3 영혼을 거두는 자, 이모털 모바일 등 9개의 작품으로 재출시되어 블리저드의 핵심 수익원으로 자리 잡았다. 디아블로는 '전 세계인들의 리니지'라고 불릴 정도로 팬덤이 어마어마해, 출시만 하면 기본 1,000만 장의 판매가 보장되는 상황이다.

그러나 이러한 게임사의 초거대 기업화 현상은 국내 게임업계와도 동떨어진 상황이 아니다. 넥슨의 시가총액은 20조 원에 육박하고, 대표 IP 던전 앤 파이터는 단일 게임 전 세계 누적 매출 1위를 기록했는가 하면, 크래프톤의 '배틀그라운드'는 2018년 전 세계 유료게임 매출 1위를 차지했다. 그뿐인가, 스마일게이트의 '크로스파이어 (Crossfire)'는 중국의 '국민 총 게임'으로 사랑받으며 FPS 장르 동시접속자 수 800만 명으로 세계 1위를 기록했고, 전 세계적으로는 6억 7천만 명의 유저를 보유하고 있다. 또 연내 상장이 예상되는 스마일게이트의 자회사 스마일게이트RPG가 만든 '로스트아크'는 '배틀그라운드'에 이어 동시접속자 수 130만 명으로 역대 스팀 플랫폼 2위에 오르면서 국산 MMORPG의 저력을 보여주기도 했다. 한류 열풍을 등에 업고 2020년 기준 국내 콘텐트 수출액이 14조 원을 돌파했는데 그 가운데 게임이 10조 원 정도를 차지하면서 8~9천억 원 수준인 음악, 방송의 10배가 넘는 수치를 기록했다. 대한민국이 명실상부 게임 초강국임은 부인하기 어려운데, 과금 비즈니스 모델의 폐단과 약점으로 인해 이상하게도 게임 산업이 저평가되는 경향이 있음은 아쉬울 수밖에 없다.

2

게임사의 역량

앞서 게임사의 경쟁력은 곧 그 기업이 가진 IP에서 나온다고 말한 바 있다. 국내 게임 매출의 대부분을 차지하는 MMORPG의 경우, 개발 기간이 적게는 3년에서 많게는 7년이 걸리고 개발비는 기본 400억 원을 넘어간다. 일례로 스마일게이트의 '로스트아크'에는 7년이란 시간과 1,000억 원의 제작비가 투자되었다. 그렇기에 해마다 새로운 IP의 게임을 제작할 수는 없는 실정이다. 그래서 게임사들은 블리저드의 '디아블로'처럼 막대한 리스크를 무릅쓰고 장기간에 걸쳐 개발한 핵심 IP를 흥행시켜 시리즈물로 만드는, 이른바 '프랜차이즈 전략'을 통해 성장해왔다. 프랜차이즈 전략의 이점은 이렇게 요약할 수 있다. 첫째, 팬덤이 이미 어느 정도 형성된 게임을 시장에 내놓는 것이므로, 마케팅 효율을 극대화할 수 있다. 그리고 두 번째는 이미 한 번의 개발과 운영을 거쳤던 게임을 토대로 만들어내는 전략이므로, 개발 효율을 높일 수 있다는 점이다. '잘 만든 MMORPG 게임 하나면 10년은 먹고 산다'는 말이 나오는 것도 바로 이런 요소들 때문이 아니겠는가. 이렇게 빅 히트 대작을 흥행시키고 계속 프랜차이즈 전략을 펼쳐 효율적으로 현금흐름을 만들고, 이를 통해 거두어들인 막대한 자금을 재투입하여 새로운 IP를 만들어 다음 10년을 모색하는 것이 게임 기업의 기본적인 사업 구조다.

　　IP를 확장하는 방식은 '종적 확장'과 '횡적 확장' 두 가지로 구분해 볼 수 있다. 종적 확장은 1998년 '리니지1'이 나오고 2003년 '리니지2'가 나오는 것처럼 자신이 가진 세계관을 계승시켜 또 하나의 시리즈물을 만드는 방식을 말한다. 2014년 컴투스의 대표 IP 모바일 게임 '서머너즈 워 : 천공의 아레나'가 나오고 2022년 올해 '서머너즈 워 : 크로니클'이 나오는 것도 여기에 해당한다. 2015년 펄어비스의 대표 IP '검은 사막'이 출시되고 올해 이를 계승한 '붉은 사막'이 나오는 것과 '배틀그라운드 모바일'이 계승되어 '배틀그라운드: 뉴 스테이트'가 출시된 것도 똑같은 맥락에서 볼 수 있다.

　　엔씨소프트는 PC게임인 '리니지1'을 '리니지M'으로, '리니지2'를 '리니지2M'이라는 모바일 버전으로 새롭게 출시함으로써 그들의 영업이익을 큰 폭으로 확대했다. 이처럼 자신들의 고유 IP를 스팀, 모바일, 콘솔 (플레이스테이션, XBOX) 등 다른 플랫폼으로 펼쳐나가는 것을 횡적 확장이라고 부른다. 예를 들어 '로스트아크'는 국내 PC게임으로 먼저 출시가 되었지만 이를 서구권 유저들의 취향에 맞게 재조정한 다음 스팀 플랫폼에 출시하여 지금의 성과를 이루었다. 2005년 출시된 넥슨의 '던전 앤 파이터'가 2022년 17년 만에 '던파 모바일'로 발전해 나간 것은 국내 게임업계 역사상 가장 파괴력 있는 횡적 확장에 해당한다. 또 펄어비스는 2015년 7월 '검은 사막'을 출시한 뒤 2018년 2월 '검은 사막 모바일'을 출시하였고, 2019년 3월 '검은 사막 콘솔 버전'을 출시하였다.

횡적 확장은 종적 확장보다도 개발 비용이 적게 들고 게임의 고유성을 보전한 채 플랫폼을 옮기는 것이기에 상대적으로 리스크가 적다고 할 수 있다. 그러나 횡적 확장만 거듭하게 된다면 IP의 신선도가 떨어진다는 단점이 있다. 그래서 펄어비스도 7년간 횡적 확장을 통해 간편하게 벌어들인 수익을 재투자하여 2022년 '붉은 사막'을 출시함으로써 종적 확장을 하고, 2023년 '도깨비'라는 신규 IP를 개발하려는 계획이다.

결국, 게임사의 가치는 신규 IP 개발 역량, 종적 확장 역량, 횡적 확장 역량에서 나온다. 그리고 각 역량의 중요도는 위에서 설명한 대로 1) 신규 IP 개발 역량, 2) 종적 확장 역량, 3) 횡적 확장 역량 순이다. 엔씨소프트와 크래프톤이 현재 막대한 영업이익을 벌어들이고 있음에도 불구하고 주가가 하향곡선을 그리는 까닭이 어디 있겠는가? 종적/횡적 확장 역량에서는 두각을 나타내고 있지만, 신규 IP 개발 역량에서는 좋은 성과를 거두지 못하기 때문이다. 그런 사례로 엔씨소프트가 개발한 '리니지'와는 달리, '블레이드 앤 소울'과 '아이온'은 썩 좋은 성적을 거두지 못했다. 마찬가지로 크래프톤은 자체 개발 MMORPG 게임 '테라'가 흥행하지 못한 채, 2017년 말 출시한 '배틀그라운드'라는 초거대 흥행작 1개만으로 영업이익의 90% 이상을 벌어들이고 있다. 어쨌거나 IP의 생명은 영원할 수 없다. 그렇기에 시장은 그 두 기업의 다음 10년에 대해 회의감을 드러내고 있는 것이다. 따라서 2022년 양사의 신규 IP '프로젝트 TL'과 '칼리스토 프로토콜'이 성과를 보여줘야만 주가도 제 가치를 찾게 될 것으로 보인다. 정반대의 예로 비상장사이긴 하지만 스마일게이트가 업계 관계자들로부터 찬사를 받는 이유는 FPS 게임 '크로스파이어'가 무르익기도 전에 과감한 결단으로 막대한 투자를 벌여 전혀 다른 장르인 MMORPG 게임 '로스트아크'를 글로벌 대흥행시켰기 때문이다. 탁월한 IP 개발 능력을 과시한 것이다.

그렇다고 히트 IP 한 개만 보유한 거대기업에 돌파구가 없는 것은 아니다. 게임 산업 규모가 수십조 원 규모로 커지면서 게임 산업 또한 반도체 산업과 비슷하게 머니 게임의 양상으로 흘러가고 있다. 자체 개발 능력이 부족하더라도, 흥행을 가늠할 선구안만 있으면 게임이 홍행하기 전 개발사를 인수하여 이들의 약점을 해소할 수 있기 때문이다. 가령 넥슨이 자랑하는 '던전 앤 파이터'만 해도 자신들이 직접 개발한 게임이 아니라 네오플이라는 게임회사를 인수하여 내재화한 게임이다. 2008년 넥슨이 네오플을 인수하면서 지급했던 3,852억 원은 '지나치게 비싼 가격'이라는 비판을 받기도 했지만, 불과 십여 년이 지난지금은 그 수백 배에 달하는 부가가치를 창출하고 있다. 그래서 M&A는 결국 결단과 안목의 예술이라고 했던가! 또한, 크래프톤은 최근 '서브노티카'를 개발한 글로벌 콘솔 게임 스튜디오 언노운 월즈(Unknown Worlds)를 6,000억 원에 인수하여 신규 IP 개발에 박차를 가했고 연내 '프로젝트 M' 출시를 통해 결실을 보게 될 전망이며, 글렌 스코필드(Glen Schofield)라는 세계 최고 수준의 개발자를 영입하여 그를 위한 스튜디오를 설립하는 방식으로 스트라이킹 디스턴스(Striking Distance Studios)를 세웠고 하반기 '칼리스토 프로토콜'이라는 콘솔 호러 게임도 출시 예정이다. 이 둘의 홍행 여부는 아직 미지수다.

이와 같은 머니 게임을 가장 잘하고 있는 게임사가 바로 중국의 텐센트(腾讯; Tencent)다. 텐센트는 일명 '롤(LoL)'이라 불리는 '리그 오브 레전드(League of Legend)'를 개발한 라이엇 게임즈(Riot Games)의 가능성을 일찍이 알아보고, '롤'이 글로벌 홍행하기도 전인 2011년에 지분 50%를 인수하였고, 추후 2015년 나머지 지분 50%를 인수했다. 그뿐이 아니다. 텐센트는 크래프톤이 본격적으로 중국에 진출하기 전부터 초기 투자하여 2대 주주로 올라섰는가 하면, 썸에이지의 자회사 로얄 크로우가 신작 FPS 게임 '크로우즈'를 출시하기도 전에 지분 42%를 인수하며 최대주주로 올라서기도 했다. 재빠르고 성공적인 인수를 통해 압도적인 규모로 올라선 텐센트는 두 달에 한 번꼴로 될만한 세계 곳곳의 게임 스튜디오에 투자를 단행하며 게임 산업 전체를 주무르려는 야심을 여과 없이 드러내고 있다.

중국에 텐센트가 있다면, 한국에는 카카오게임즈가 있다. 그런 비유가 가능한 것은, 텐센트가 '위챗(微信)'이라는 모바일 메신저에서 시작해 금융업을 거쳐 게임 산업의 왕좌를 차지했듯이, 카카오게임즈도 '카카오톡'이라는 비교 불가한 강력한 플랫폼을 발판삼아 퍼블리싱 사업을 시작해 게임사 중 가장 빠른 속도로 성장하고 있기 때문이다. 공교롭게도 카카오의 2대 주주는 텐센트이다. 아래 카카오게임즈의 투자 히스토리를 보면 알 수 있듯이, 카카오게임즈는 게임의 운영과 마케팅을 총괄하는 퍼블리셔 역할로 사업을 시작하여 라이온하트 스튜디오(Lionheart Studio), 엑스엘게임즈 등을 인수하며 개발 능력을 사들였다.

그 중 라이온하트가 개발한 '오딘: 발할라 라이징'은 국내 매출 순위 3위를 기록하며 '리니지' 뒤를 맹추격하고 있으며, 이 인수 덕분에 카카오는 창립 이래 첫 매출 1조 원을 돌파했다. '오딘'이 카카오게임즈의 총매출에서 차지하는 비중은 50%를 훌쩍 넘는다. '오딘'은 아직 글로벌 출시도 하지 않은 시작 단계이며, 대만을 시작으로 서구지역 공략에 나선다. 카카오게임즈는 퍼블리싱 사업의 절대 강자로서 흥행에 관한 한 그 누구에게도 뒤지지 않을 안목을 키워왔고, 그 위에 넉넉한 자금력의 뒷받침으로 우수 개발사를 인수하여 기업 뼈대 자체를 키운 것이다.

정리해보자. 게임사의 미래는 IP 유지(종적 확장, 횡적 확장) 및 개발 역량에 달려있고, 넥슨과 스마일게이트를 제외한 국내 게임회사들은 'One-IP 리스크(IP가 하나뿐인 위험성)'에서 자유로울 수 없는 상황이다. 그래서 현재의 당면한 영업이익 현금흐름 외 신규 IP 창출 능력이 주가의 향방을 가늠하는 주요 잣대가 될 것이다. 그러나 국내 게임 산업의 규모가 커짐에 따라 자본력이 늘어나면서, 이를 통해 유수 개발사를 인수하는 방식으로 IP 개발 역량을 내재화하는 방식도 가능해졌다. 카카오게임즈의 라이온하트 인수 사례처럼 앞으로 게임 산업의 미래에는 일종의 투자 산업적 요소가 배제될 수 없는 상황에 직면했다. 크래프톤의 언노운 월즈 인수와 넥슨의 엠바크 스튜디오(Embark Studios AB) 인수, 넷마블의 스핀엑스 게임즈(SpinX Games) 인수 등과 같은 사건들이 앞으로는 더욱 빈번하게 일어날 전망이다. 이걸 반대쪽의 관점에서 본다면, 매력적인 IP를 보유한 국내 중소형 게임사들의 피인수 모멘텀도 더욱 두드러질 전망이다.

국내 게임사 IP 홀더	핵심 IP	종적 확장	횡적 확장
넥슨	• 던전 앤 파이터 • 카트라이더 • 메이플스토리 • 마비노기 • 바람의 나라 • 서든 어택 • V4 • 크레이지 아케이드 • 블루 아카이브	• 카트라이더 드리프트 • 메이플스토리2	• 던전 앤 파이터 모바일 • 카트라이더 러쉬 플러스 • 마비노기 모바일(출시 예정) • 바람의 나라 : 연 • 크레이지 아케이드 BNB M
크래프톤	• 배틀그라운드 • 엘리온 • 테라	• 배틀그라운드 뉴스테이트	• 배틀그라운드 모바일
엔씨소프트	• 리니지 • 아이온 • 블레이드 앤 소울 • 트릭스터 • 길드워	• 리니지2 • 블레이드 앤 소울 2 • 길드워2	• 리니지 M • 리니지 2M • 리니지 2 레볼루션 (IP 계약 : 넷마블 제작) • 리니지 W • 트릭스터 M • 블레이드 앤 소울 레볼루션 (IP 계약 : 넷마블 제작)
넷마블	• 세븐나이츠 • 제2의 나라 • A3 • 마블 퓨처 파이트 • 일곱 개의 대죄 • 모두의 마블 • 페이트/그랜드 오더	• 세븐나이츠 2 • 세븐나이츠 레볼루션 • 마블 퓨처 레볼루션 • 마블 렐름 오브 챔피온스	• 모두의 마블 모바일
카카오 게임즈	• 오딘 : 발할라 라이징	-	-

위메이드	• 미르의 전설 • 이카루스	• 미르의 전설 2 • 미르의 전설 3 • 미르 M/W (출시 예정)	• 미르4 • 이카루스 M
펄어비스	• 검은 사막 • 섀도우 아레나	• 붉은 사막	• 검은 사막 모바일
컴투스	• 서머너즈 워 • 컴투스 프로야구 • 낚시의 신 • 타이니 팜	• 서머너즈 워 백년전쟁 • 서머너즈 워 크로니클 • 낚시의 신 : 크루	–
웹젠	• 뮤	• 뮤 블루 • 뮤 이그니션 2	• 뮤 오리진 • 뮤 오리진2 • 뮤 아크엔젤 • 뮤 아크엔젤 2 • 뮤 오리진3
데브시스터즈	• 쿠키런 : 오븐 브레이크 • 브릭 시티	• 쿠키런 : 퍼즐 월드 • 쿠키런 : 킹덤 • 쿠키런 오버 스매시 (출시 예정)	
조이시티	• 건쉽 배틀 • 프리스타일	• 프리스타일 2 • 프리스타일 3	• 건쉽 배틀 모바일 • 건쉽 배틀 : 크립토 컨플릭트 • 건쉽 배틀 : 토탈 워페어
엠게임	• 열혈강호 온라인 • 귀혼 • 영웅		• 진열혈강호 • 귀혼 소울세이버 • 귀혼 M • 진열혈강호 • 귀혼 소울세이버 • 귀혼 M
썸에이지	• 데카론 • 데카론		• 데카론 M

* 핵심 IP는 IP의 흥행력에 따라 순서대로 나열했다. / 녹색 글씨는 모바일 게임을 나타낸다.

③

게임 산업의 세 기둥

게임 산업은 개발사, 퍼블리셔, 플랫폼이라는 세 명의 플레이어, 혹은 관계자, 혹은 세 개의 기둥에 의해 형성된다. 개발사는 말 그대로 게임을 개발하는 회사를 가리킨다. 일정 규모 이상의 회사라면 모두 자체적으로 게임을 개발할 능력이 있다. 그리고 회사의 규모가 어느 정도 커지게 되면, 외부 상황에 개의치 않고 특색 있는 게임 개발에만 온전히 집중하는 기업 문화를 만들기 위해 개발사를 분사시켜 자회사로 두는 경향이 있다. 가령 넥슨은 개발 자회사 넷게임즈, 넥슨지티, 네오플 등을 보유하고 있고, 엔씨소프트는 아레나넷, 크래프톤은 펍지, 스트라이킹 디스턴스 등을 자회사로 두고 있으며, 스마일게이트는 RPG 장르에 특화된 개발사 스마일게이트RPG를 자회사로 거느리고 있다.

퍼블리싱 사업을 영위하는 퍼블리셔는 사업성이 있는 게임을 발굴하여 시장에 유통하는 역할을 담당한다. 영화의 경우 영화를 제작하는 제작사와 배급을 담당하는 배급사가 있는 것처럼, 게임 산업에서도 이 두 사업의 주체는 엄연히 구분된다. 게임 개발사는 기획력과 아이디어를 바탕으로 게임을 개발하고, 퍼블리셔는 이렇게 개발된 게임을 개발사와 협력하여 게임 서비스를 위한 모든 환경을 갖추고 성공적인 서비스를 이끄는 역할을 하는 것이다. 게임의 운영과 마케팅을 위해서는 축적된 역량이 필요하며, 이를 위한 추가 자금도 투입되어야 한다. 그래서 국내 중소형 게임사들은 개발된 게임의 퍼블리싱을 대기업에 맡기는 반면, 대형 게임사들은 개발과 퍼블리싱을 모두 직접 하는 경향이 있다. 통상적인 퍼블리싱 계약의 경우, 기간은 주로 2년이며 퍼블리셔가 총매출의 70% 혹은 60% 정도를 가져가게 돼 개발사보다 더 큰 몫을 차지한다.

대규모 게임사의 경우, 흥행할 수 있는 게임을 볼 수 있는 선구안만 있으면 중소형 개발사가 시간과 노력을 투자해 개발한 게임을 통해 단시간에 현금흐름을 만들 수 있다. 이 분야의 최강자로 꼽히는 카카오게임즈만 해도 다음 게임의 PC방 영업력과 카카오톡 연계 운영을 통해 '배틀그라운드'와 '검은 사막'을 퍼블리싱하며 급속도로 성장했다. 그리고 설사 대기업이라 하더라도 글로벌 출시를 시도할 때는 현지 사정을 잘 아는 퍼블리셔와 손을 잡는 편이 게임을 흥행시키는

데 훨씬 더 유리하다. 그렇기 때문에 글로벌 출시 단계에서는 출시 권역마다 최상위급 현지 퍼블리셔와 손을 잡는 방식을 택한다. 예외적인 경우도 있다. 가령 크래프톤의 경우는 특이하게 인도지역의 퍼블리싱을 직접 진행하고 있고, 중동 지역의 게임 퍼블리셔에 투자를 단행하는 등, 신시장에 퍼블리싱 산업을 키우려는 행보를 보이기도 한다.

플랫폼은 크게 모바일, PC, 콘솔의 세 가지로 구분할 수 있다. 모바일의 경우 애플의 iOS 마켓과 안드로이드 마켓이 양분하고 있으며, 인앱결제를 통해 발생한 매출에서 30%를 공제한 금액을 게임사가 가져가게 된다. 그리고 PC게임의 경우 그동안 개발사가 자체적으로 서비스를 해왔으나, 스팀이라는 거대 PC게임 플랫폼이 탄생하면서 거의 모든 흥행 게임이 스팀을 거쳐 유통되고 있다. 예외가 있다면 에픽게임즈와 블리저드 엔터테인먼트의 게임들 정도라 하겠다. 배틀그라운드와 로스트아크 역시 스팀을 통해 글로벌 대흥행에 성공했다. 스팀 또한 게임 매출의 20%~30%를 자신들의 수수료로 가져가고 있다. 콘솔 게임은 어떨까? 마찬가지로 XBOX, 플레이스테이션 스토어 수수료로 30%를 떼준 나머지 금액을 게임사가 가져간다. 그럼에도 콘솔의 경우에는 양사의 경쟁이 갈수록 거세지고 있음에 따라 자체 플랫폼 경쟁력 강화 차원에서 게임사에 개발 지원금을 주거나 마케팅을 지원한다는 차이가 있다. 그리고 최근 PC게임의 코딩 구조와 콘솔 게임의 코딩 구조에 유사점이 많기 때문에 자신의 게임을 PC 버전과 콘솔 버전으로 각각 만들어 동시 출시하는 트렌드가 돋보이고 있다.

거시적인 관점에서 보면 가장 적은 리스크로 천문학적인 돈을 벌어들이는 관계자는 플랫폼 사업자다. 특히 애플은 게임으로만 한 해 10조 원이 넘는 영업이익을 올리는 것으로 알려진다. 그렇기에 구글과 애플, 마이크로소프트 등 빅테크 기업은 단순히 유통을 넘어 게임 산업의 직접 진출을 통해 플랫폼의 매력을 강화하려는 움직임을 보이고 있다. 애플은 애플 TV를 통해 자신의 하드웨어를 게임에 맞게 최적화하려는 노력을 기울이고 있고, 아마존은 아마존 게임즈라는 자회사를 설립하여 지난해 MMORPG 게임 '뉴월드'를 직접 개발하여 스팀에 출시했고, '로스트아크'의 퍼블리싱을 맡기도 했다. 이는 아마존 게임즈의 첫 외부 퍼블리싱 작품이기도 하다. 최근 마이크로소프트는 82조 원에 블리저드 엔터테인먼트를 인수했고, 넷플릭스도 작년 발송한 주주 서한에서 게임 제작에 나서겠다고 공식 선언한 바 있다. 게임 산업과 플랫폼 산업, 콘텐트 산업의 결합은 앞으로의 10년간 게임업계가 맞이할 가장 거대한 흐름이다. 플랫폼과 콘텐트 산업의 경우 미래 성장성이 밝게 점쳐지며 전체적으로 고평가받고 있지만, 게임 산업은 그렇지 못하다. 이들 두 사업 간의 결합이 가속화될 경우 업종 경계가 모호해짐에 따라 전 세계적으로 게임 산업 재평가 이루어질 가능성이 아주 크다. 또한, 지금까진 텐센트를 제외한 빅테크 기업의 국내 게임사 투자 사례가 전혀 없었지만, 자체 플랫폼 강화를 위해 빅테크 기업의 국내 게임사 투자도 가까운 시일 안에 현실화할 것으로 보인다.

자, 이렇게 게임 산업의 세 기둥을 살펴보았다. 이 플레이어들 셋이 게임 산업을 지탱하는 뼈대라고 할 수 있다. 그리고 게임 자체의 '재미'는 벽돌과도 같아서, 게임의 본질적인 재미가 없으면 그 게임사는 허물어질 수밖에 없다. 각 게임사는 전략적 경영과 더불어 '재미'라는 무형의 가치를 창출하기 위해 화려한 그래픽, 스토리텔링, 선진 기술을 사용하여 완결된 작품을 내놓는다. 그 완결된 작품이 시장의 기호와 맞닿았을 때, 30억 원의 개발비를 들여 연 1조 원의 매출을 거둔 '배틀그라운드'처럼 게임사는 그 어떤 산업군의 그 어떤 기업보다 더 가파르고 거의 무한하게 성장한다.

그리고 한 가지 더 알아두어야 할 한국형 비즈니스 모델이 있다. 바로 중국 시장에 대한 IP 수출이다. 국내 인력의 '기획력'은 다른 국가의 인력과 비교해보았을 때 월등히 뛰어나다. 반도 국가의 영상을 위시한 여러 문화 콘텐트가 전 세계 유행으로 번지는 흥미로운 상황이 바로 이를 증명한다. 국내 게임사들도 이런 능력에 있어선 다르지 않다. 과거 국내 게임사들이 내놓은 IP들은 특히 중국 유저들 사이에서 높은 브랜드 가치를 확립해놓았다. 그러자 2016년부터는 게임을 중국 시장에 출시할 때마다 중국 정부 당국의 인가를 의무적으로 받도록 하는 '판호(版号)' 제도가 생겨났고, 2017년 한한령을 기점으로 2020년 말 '서머너즈 워'가 중국 판호를 발급받기 전까지 국내 게임사의 판호 발급마저 중단되고 있었다. 현재도 국내 게임사의 중국 직直진출은 한정적인 상황이다.

그럼에도 우리는 60조 규모의 중국 시장을 포기할 수 없었다. 그래서 국내 게임사들은 자신들이 보유한 매력적인 IP를 중국 게임 개발사에 수출하는 로열티 계약을 맺었고, 브랜드 인지도를 쌓은 자신들의 IP를 중국 게임사에 빌려주는 차선의 방법을 택한 것이다. 이를 통해 게임사는 총매출의 20~30%에 해당하는 수익을 거둔다. 이는 자신들이 게임을 '직접' 개발하고 퍼블리싱만 다른 기업에 맡기는 사업 형태와는 엄연히 다른 사업방식이다. 2001년 위메이드는 '미르의 전설'을 중국에 내놓았고, 중국 유저들 사이에서 돌풍처럼 유행이 되어 번졌다. '미르의 전설' IP를 공동으로 소유하고 있는 위메이드와 액토즈소프트는 뚜렷한 히트작 없이도 각각 500억 원과 300억 원에 달하는 라이선스 수익으로만 거의 20년간 기업을 유지할 수 있었다.

그러나 이러한 상황에도 이점은 분명히 있었다. 2000년대 초 반짝 흥행했던 '미르의 전설' IP를 이들이 계속 개발하여 중국 시장에 선보인 덕분에, IP의 생명력과 가치가 꾸준히 상승한 것이다. 그러나 액토즈소프트와 위메이드가 처한 상황은 비슷했지만, 결국 IP 확장을 위한 노력에 의해서 두 회사의 운명은 갈렸다. 위메이드는 중국으로부터 수

혈받은 자금으로 19년 만에 '미르'를 종적-횡적으로 확장한 모바일 버전 '미르4'를 출시하여 시총 3조 원이 넘는 거대기업으로 도약한 것이다. 그리고 만약 이 '미르4'가 중국의 판호를 획득하여 이 거대한 시장에 직접 진출하게 된다면, 그 파급력은 결코 적지 않을 것이다. 중국 시장 IP 수출을 통해 오랫동안 미르 IP의 신선도를 높게 유지했기 때문이다. 결국, 이를 지렛대 삼을 수 있었던 것 위메이드였다. 게임사의 경쟁력은 IP의 확장과 개발 역량에서 나온다는 사실을 다시금 절감할 수 있다.

웹젠 또한 천마시공의 '전민기적(全民奇迹)' 시리즈 등 '뮤' IP를 빌려주고 거둔 로열티 수익이 현재까지의 핵심 수익원이다. 여기서 하나의 역설적인 사실이 있다. '뮤 아크엔젤' 시리즈, '뮤 오리진' 시리즈의 개발은 중국 업체의 손을 거쳤으며 이를 한국으로 역수출하여 국내 시장에 무난히 안착했다는 점이다. 웹젠이 독자적으로 개발한 20년간의 신규 IP 중 뚜렷한 흥행작은 없는 상황인데도, '뮤'라는 단독 IP로 20년간 기업을 안정적으로 영위해오고 있다는 얘기다. '뮤'는 현재 게임 개발의 상당 부분을 중국에 의존하고 있는 상태다. 경제 논리에 따르면 상호 의존도가 깊어질수록 이는 인수/합병의 가장 강한 동인으로 작용한다. 이에 따라 웹젠이 현지 개발사를 인수하거나 현지 개발사가 웹젠을 인수하는 두 가지 가능성이 대두될 수 있다. 그러나 규모를 생각한다면, 후자의 경우가 가능성이 커 보인다. 중국 3대 퍼블리셔 중 하나인 아워팜은 2015년 '뮤 오리진(전민기적)' 시리즈를 개발한 천마시공을 인수했다. 그리고 다음 해 웹젠의 2대 주주로 올라섰다. 국내 게임 대기업이 해외 스튜디오를 막강한 자본력으로 인수하여 IP를 쟁취하는 것처럼, 국내 기업은 또한 중국에게 똑같은 대상이 되는 것이다.

크래프톤의 2대 주주는 15.5%의 지분을 보유한 텐센트다. 크래프톤은 '배틀그라운드'의 IP를 텐센트에 빌려주어 '화평정영(和平精英)'이라는 게임으로 재탄생시켰다. '화평정영'의 로열티 수익은 크래프톤의 현 매출 가운데 60%를 넘어선다. 2021년 '배틀그라운드' 매출은 3조 3천억 원으로 글로벌 모바일 게임 매출 1위를 기록했다. 이는 분명 고무적인 상황이지만, 이 수치에는 '화평정영'이 포함되어 매출의 60% 가까이 차지한다. 이러한 이유 때문에 크래프톤은 기를 쓰고 세계 2위 인구 대국 인도를 공략하는 것이다. 동시에 판호 획득을 통한 '배그 모바일'의 중국 시장 직접 진출 방안을 모색하고 있다.

여기서 다시 한번 정리해보자. 게임 산업은 결국 IP로 시작해서 IP로 끝난다. IP의 신선도가 곧 해당 기업의 미래라고 보아도 결코 과언이 아니다. 게임 산업이 머니 게임의 양상으로 전개됨에 따라 국내 게임 대기업이 양질의 IP를 가진 스튜디오를 인수하여 미래 방향성을 모색하는 것은 중국 기업의 입장에서도 마찬가지이다. 중국 게임 기업 또한 국내 기업의 중국 진출이 어려운 상황을 활용하여 국내 기업의 IP

를 빌려 자국에 서비스함으로써 막대한 수익을 거두어들이지 않았던 가. 더 나아가 해당 기업의 인수 또한 염두에 두고 있다. 히트 IP 개발을 위한 노력을 게을리하지 않고 이를 바탕으로 자력을 기르는 것이 국내 기업들이 산업의 주도권을 뺏기지 않기 위한 유일한 대안이다.

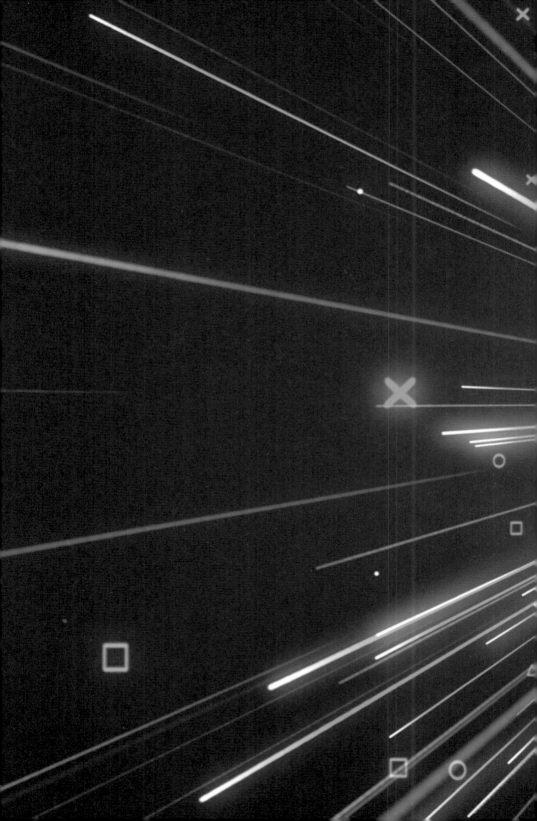

PART 3

텐배거의 공식

하나의 게임은 곧 하나의 세계관을 의미한다. 거기에는 캐릭터가 있고, 배경이 있으며, 음악이 있다. 이렇듯 게임의 고유성을 드러내는 요소들 모두를 통칭해 IP라고 부른다. 세계 최대 게임 개발사 블리저드는 스타크래프트와 워크래프트, 디아블로의 저작권(IP)를 가지고 있어 기존 시리즈의 요소들을 재활용하여 2년에 한 번씩 새로운 시리즈를 내놓는다. 그리고 새롭게 내놓은 저작물들은 커다란 가능성으로 성공한다. 왜 그럴까? 그 게임을 이미 접해본 기존의 유저들이 고스란히 새로운 시리즈로 유입되기 때문이다. IP의 개발은 험난하지만 잘 구축해 놓은 IP 하나면 10년은 먹고산다는 게임업계의 말이 여기서 나온 것이다.

모를 때가 가장 용감할 때라고 했던가, 2000년 초 · 중반 무주공산 같던 웹게임 시장에 넥슨은 '카트라이더', '던전 앤 파이터', '메이플스토리'를 내놓았고, 엔씨소프트는 '리니지'를, 웹젠은 '뮤'를 내놓았다. 그리고 그들이 기업가 정신으로 중무장한 데다 패기도 있던 시절에 내놓았던 이 IP들만으로 10년이 훌쩍 지난 지금까지도 거대기업을 유지할 정도로 막대한 돈을 벌어들이고 있다. 하나의 세계관을 다양한 방식으로 변주하여 시대에 맞게 재출시하는 전략을 택한 것이다. 그렇다고 지금의 게임 거대기업들이 게으른 것은 아니다. 이미 브랜딩을 마친 고도의 마케팅 효율을 가진 자신들의 IP를 구태여 택하지 않을 이유는 없는 것이다. 그럼에도 이들은 포트폴리오 분산 차원에서 다양한 게임들의 개발을 시도하고 있으나, 새로운 시도가 으레 그렇듯 성공 확률은 그다지 높지 않다.

기존 시리즈의 게임들이 매출의 하락을 경험하고 있고, 기존 IP를 활용한 새로운 게임은 개발을 마치고 출시를 앞두고 있을 때, 주가는 대체로 최저점을 그린다. 시장이 아직 게임주 투자에 보수적이기 때문에 제대로 실적도 나오지 않은 상태에서 오직 기대감만으로 주가가 상승하진 않기 때문이다. 그래서 이런 때가 바로 투자의 적기다. 기존 IP를 활용한 게임은 어느 정도 시장성이 보장되어 있으므로, 흥행에 성공할 확률이 상당히 높다. 개발과정 자체가 험난하다는 점이 문제이지만, 개발을 마치면 대부분 어느 정도의 성과를 거둔다. 그러나 시장은 대체로 극히 보수적이었고, 새로운 게임이 출시된 후 분기 보고서로 실적이 나오고 나서야 비로소 주가는 하늘 높은 줄 모르고 치솟아 왔다. 지난 10년간 증명된 국내 게임주의 주가 변동 패턴이다. 그래서 우리는 현재 실적의 부침을 겪고 있지만 새로운 게임의 출시를 앞두고 있는 게임주들을 유심히 바라보고 미리 확보할 필요가 있다.

실제로 게임사들은 너나 할 것 없이 자체적으로 새로운 IP의 개발을 진행해오고 있다. 그리고 2022년은 이 새로운 IP의 게임들이 유례없이 많이 쏟아지는 해이기도 하다. 이 새로운 IP를 활용한 게임의 흥행을 점치고 투자를 하는 것은 업계의 관계자가 아니고서야 섣불리 시도하기 쉽지 않다. 그럼에도 불구하고 우리의 게임주들은 기다려준다. 실제로 흥행이 가시화되기 전까지 주가가 쉽사리 오르진 않기 때문이다. 그래서 새로운 IP 게임의 출시 일정을 살피고 관련 지표들을 매일같이 살피면서 트래픽이 오르는 것을 확인한 이후 집중투자하는 방법이 가능한 것이다.

'맞고', '야구게임' 등 캐주얼 게임을 위주로 개발해온 컴투스가 야심 차게 '서머너즈 워'를 출시한 뒤 주가는 10배 상승했다. 주가가 상승한 시점은 6월 말이었으니, 4월 17일 게임을 출시한 이후 두 달을 넘긴 시점에서 주가는 미친 듯이 상승하기 시작한 셈이다. 그리고 그 두 달 동안, '서머너즈 워'의 성과는 언론과 앱스토어 순위를 통해 충분히 파악할 수 있었다. 또 다른 예를 들어볼까? 2020년 10월 넵튠이 개발한 '영원 회귀 : 블랙 서바이벌'이 글로벌 게임 플랫폼 스팀을 통해 사전 출시되었다. 얼리 액세스(early access) 방식으로 정식 출시 전 사전 체험 형태였는데도 출시 2주 만에 스팀 동시접속자 수 1만 명을 돌파했고, 최고 동시접속자 수 5만 명을 넘어섰다. 이 여파로 주가는 세 배 가까이 치솟았다. 이처럼 실제로 주가가 오른 시점은 게임이 출시되고 한 달이 넘어선 이후였다. 그리고 2022년 이 '영원회귀 : 블랙서바이벌'의 모바일 버전이 정식 출시될 예정이다. 현재 주가는 그때의 상승분을 모두 반납했다. 얼리 액세스로 흥행 가능성을 충분히 내비쳤는데도 주가는 전과 변한 게 없다는 듯 다시 되돌아온 것이다. 이렇듯 게임주의 신작 출시 일정을 살피고 관련 동향을 살피면 무수히 많은 매력적인 투자 기회를 발굴할 수 있다.

지금까지 알아본 것을 정리하자면, 투자의 기회는 거시적으로 두 갈래로 나눌 수 있다. 첫 번째는 이미 충분히 검증된 IP의 게임을 재출시할 때이고, 두 번째는 새로운 IP의 게임이 흥행 가능성을 내비칠 때이다. 거기서 우리는 어떠한 산업군보다 효율적으로 투자 수익률을 발현시킬 기회와 마주하게 된다. 몇 가지 예를 통해 이 같은 두 가지 흐름을 점검하며 게임주를 보는 눈을 키우도록 하자.

1

기존 IP의 재활용

☑ 위메이드는 어떻게 텐배거가 되었나?

오래전부터 MMORPG를 즐겨온 유저라면 '미르의 전설'이라는 PC 게임을 들어본 적이 있을 것이다. 누구에나 친숙한 이름을 갖고 있다는 것은 그 게임업체에 크나큰 경쟁력이다. 엔씨소프트는 '리니지' 단일 게임만으로 W, M, 2M, 레볼루션 등 다양한 시리즈로 출시하여 20년간 사업을 영위하고 있고, 넥슨 역시 '던전 앤 파이터', '바람의 나라', '메이플', '카트라이더' 등, 자체 IP 브랜드를 다양한 방식으로 재출시하여 막대한 영업이익을 거두고 있다. 유저들, 특히 연령대가 어느 정도 있는 MMORPG 게임의 주요 유저들이라면, 완전히 새로운 무언가에 도전하는 것에는 거부감을 느끼게 된다. 그러므로 이미 이름을 들어봤고, 세계관이 친숙한 게임을 꾸준히 계속하는 편을 선호한다. 그래서 어떤 새로운 세계관을 제시하여 유저들을 설득시키기보다 이미 네임 브랜드가 있는 것을 리뉴얼하여 출시하는 편이 마케팅 효율 측면에서 훨씬 좋다.

위메이드는 '미르의 전설'이라는 꽤 잘 알려진 IP를 가진, 하지만 그저 그런 회사에 불과했다. 이 외에는 2018년 공중 전투를 핵심 콘텐트로 하여 소소한 성과를 거둔 '이카루스'라는 IP를 보유하고 있었다. 특히나 '미르의 전설' 시리즈는 동양적 세계관으로 2001년 11월 중국에 출시하여 한때 큰 인기를 얻기도 했다. 2002년, 중국 내 온라인 게임 최초로 동시접속자 35만 명을 기록했고, 세계 동시접속자 수 신기록을 달성했다. 게다가 2004년에는 중국 게임 시장의 65%라는 점유율을 기록했다. 그뿐인가, 2005년 세계 최초로 중국 동시접속자 수 80만 명을 기록해 기네스북에 오르기도 했다. 그것 또한 2000년대 초중반의 일이지만 중국 게임 유저들 사이에 '미르의 전설'이라는 브랜드는 꽤 깊숙이 각인된 편이라고 할 수 있다. 그러나 그것도 잠시, 2004년부터 2018년 이카루스가 나오기 전까지는 위메이드의 소위 암흑의 시기였다. '미르의 전설' 외에는 흥행한 IP를 하나도 개발하지 못한 좀비 회사에 불과했으니 말이다. 그래서 2020년까지만 해도 위메이드 매출의 절반가량은 '미르의 전설'의 라이선스 수출에서 발생했다.

보통 흥행에 성공한 단일 IP를 가진 게임회사라면, 라이선스 수익이 매출에서 차지하는 비중이 20%를 넘어가지 않는다. '검은 사막'을 가진 펄어비스, '리니지'를 가진 엔씨소프트처럼 스스로 자본을 투입하여 게임을 직접 개발하지 다른 기업에 라이선스를 제공하는 것을 주요 수익원으로 삼지 않는다. 단도직입적으로 말해보자. 그동안 위메이드는 개발 역량과 개발 리더십이 없었기에, 이런 기형적 사업모델을 유지해온 것이다.

라인게임즈에서 당사 '이카루스' IP 기반의 모바일 MMORPG 게임 '이카루스 이터널'을 개발하여 2021년 3월에 국내 출시하였고, '미르의 전설' IP의 경우 중국 게임 시장에서의 검증된 수요를 바탕으로 활발하게 라이선스 계약을 체결해왔다. 2015년부터 라이선스 모바일 게임 '열혈전기', '열염용성' 등이 차례대로 출시되었고, 2017년부터는 HTML5 기술 기반의 게임 시장이 본격적으로 열리며 '전기래료', '일도전세' 등이 출시되었다. 그러나, 여기서 주목해야 할 점은 이들 게임이 모두 흥행에 성공하였다는 사실이다. 비록 개발 역량은 부족했지만, '미르의 전설'의 세계관이 가진 경쟁력만큼은 끊임없이 개발되고, 검증받아온 것이다. 중국 게임 시장에서 '미르의 전설 2'가 갖는 가치는 무려 5조 원으로 추산되고 있다.

원래 '미르의 전설'은 액토즈소프트의 작품으로 1998년 11월 출시돼 국내 1세대 MMORPG로 주목받았다. 그러다 2000년 위메이드가 액토즈소프트에서 분사하는 과정에서 창업 멤버 중 한 명인 박관호 위메이드 의장이 '미르의 전설2'를 위메이드에서 출시했다. 액토즈가 위메이드의 지분을 40% 보유함에 따라 IP 또한 공동 소유하고 있었다. 2007년 위메이드는 액토즈소프트가 가진 자신의 지분을 재인수하였고, 미르의 전설 IP만 공동 소유하게 된 셈이다.

그런데 2002년 '미르의 전설2'의 중국 내 퍼블리싱을 담당하던 셩취 게임즈(盛趣游戏)가 위메이드에 5개월간 100억 원대의 로열티를 지급하지 않는 사건이 벌어졌다. 그러자 위메이드는 셩취 게임즈와의 서비스 계약을 파기했는데, 이에 반발한 셩취는 '미르의 전설2'와 판박이인 '전기세계(传奇世界)'를 출시했다. 여기서 반전이 일어나면서 상황이 복잡해진다. 위메이드와 액토즈가 공동 원고로서 셩취 게임즈를 상대로 서비스 정지 가처분 신청을 제기했는데, 도리어 셩취가 액토즈를 인수해버린 것이다. 액토즈를 인수한 셩취는 위메이드의 동의 없이 중국 라이선스를 3년 연장했고, 이때부터 위메이드와 숱한 법정 다툼을 벌이게 된다.

얽히고설킨 상황이었지만 결정적으로 2020년 6월 24일 싱가포르 국제중재법원에서 진행되었던 중국 셩취게임즈 대상 소프트웨어 라이선스 계약 위반 소송에서 위메이드가 승소함으로써, 위메이드의 동의 없이 체결한 셩취 게임즈와 ㈜액토즈소프트 간의 '미르의 전설2' PC

게임 연장 계약은 무효로 확인받았다. 또한, 셩취 게임즈의 '미르' IP 기반 게임인 '전기세계'를 이용한 위장 라이선스 역시 불법으로 판정되었다. 결국, 셩취의 행위는 위법으로 판결 났고, 이 회사는 그동안 '전기세계'를 통해 벌어들인 수익을 위메이드에게 돌려주어야 할 상황에 이르렀다. 위메이드가 산정한 손해배상액은 9,600억 원 수준. 현실적으로는 위메이드가 5,000억 원 정도의 일회성 수익을 누리게 될 것으로 보인다. 위메이드는 액토즈소프트가 이러한 손해배상액을 지급할 여력이 안 되기 때문에, 액토즈소프트가 가진 '미르의 전설' IP 지분을 인수하는 방식으로 분쟁의 끝을 장식하려는 계획을 세우고 있다. 여하튼 위메이드가 가진 경쟁력은 오롯이 '미르의 전설'뿐이지만, 이 IP가 가진 경쟁력은 중국 내 다양한 게임사들이 열심히 지속시켜준 덕택에 중국의 '리니지' 같은 존재가 되어가고 있었으며, 바로 이것이 중요한 점이다.

20년 전 개발한 미르의 전설 IP를 자금난으로 인해 중국 곳곳에 흩뿌린 결과, 오히려 IP가 가진 경쟁력은 더욱 견고해지는 역설적인 상황이 발생한 것이다. 그런데 이 지점에서 위메이드 대표의 기업가 정신이 발동되었다. 장병국 의장을 중심으로 한 강력한 개발 리더십을 바탕으로, 2002년 '미르의 전설 3'이 개발된 이후 18년 만에 자체 개발한 모바일 게임 '미르의 전설 4'가 출시된 것이다. 위메이드가 오래도록 준비한 초강수였다. 2020년은 위메이드의 창립 20주년이기도 했다.

곧이어 '미르의 전설 W'와 '미르의 전설 M'을 출시할 계획까지 세워놓았다. '미르의 전설 M'은 올해 상반기 내 출시를 앞두고 있다.

그렇다면, '미르의 전설 4'가 출시된 후 그 결과는 어땠을까? 그야말로 대박이었다. 2020년 11월 출시 직후 양대 앱 마켓 인기 순위 1위를 기록하며 흥행을 예고했고, 6개월 만에 누적 매출 1,000억 원을 달성한 것. 이후 글로벌 서비스의 동시접속자 수는 130만 명을 돌파했다. '미르' IP가 가진 경쟁력을 다시금 입증한 것이다. 게다가 정작 '미르의 전설 4'는 아직 중국 진출도 하지 않은 상태다. 중국 정부가 게임과 서적 등 출판물에 사업 허가를 내주는 일종의 고유번호인 판호가 있어야 중국 현지 내 서비스가 가능한데, 판호를 아직 획득하지 못했기 때문이다.

펄어비스의 '검은 사막'이 텐센트의 퍼블리싱으로 2021년 6월 중국 판호를 발급받은 것으로 미루어 보아, 위메이드 또한 똑같은 방식으로 중국 퍼블리싱 업체를 이용해 올해 안에 판호를 발급받을 수 있을 것으로 예상된다. 게다가 위메이드는 자체 토큰인 '위믹스'를 국내 암호화폐 거래소 빗썸과 글로벌 암호화폐 거래소 Gate.io, MEXC, Liquid Global 등에 상장시켜 사업의 패러다임을 바꾸기도 했다. '미르의 전설 4' 속 재화인 '흑철'을 위믹스로 전환하도록 하여 가상화폐 사업에도 진출한 것이다.

위메이드는 2015년부터 2022년까지 이익을 내지 못한 채 줄곧 적자를 기록했지만, '미르의 전설 4' 매출이 반영된 2021년에는 단숨에 당기순이익 4,200억 원의 거대기업으로 탈바꿈했다. 그것도 추후 선보일 '미르의 전설 M'과 '미르의 전설 W'도 출시되지 않았고, 아직 중국 진출도 하지 않는 상황에서 이룬 쾌거다. 게다가 자신들의 위믹스 코인을 2,000억 원에 매각함으로써 얻은 현금으로 1,600억 원을 들여 '애니팡' 개발사 선데이토즈까지 인수하며, 단일 IP의 약점을 해소하려는 시도까지 했다. 1년 반 만에 기업의 체질이 이렇게까지 변화한 것이다.

위메이드 주가도 이에 부응했다. 2020년 15,000원에서 2만 원 사이에 머물던 주식이 2021년 들어 24만 원을 돌파한 것이다. '미르의 전설 4'가 보여준 가시적인 실적과 추후 연속적으로 계획되어 있는 게임 라인업, 블록체인 사업에 대한 기대감 등이 복합적으로 작용하여 텐배거가 된 것이다. 그렇다면, 위메이드의 주가 상승은 정말로 예측할 수 없었을까? 스스로 그렇게 반문해본다면, 나의 대답은 이렇다. "아니, 예측할 수 있었다."

'미르의 전설 4'는 2020년 11월 출시되었는데, 9월의 사전 예약 당시 이미 300만 명의 예약자를 확보하며 충분히 게임 흥행 가능성을 과시했다. 그리고 한 달 뒤인 2020년 12월 컴투스의 '서머너즈 워'가 중국 당국의 판호를 받은 점으로 미루어 볼 때, 차후 중국 서비스도 실현되리라는 사실 또한 미리 유추해볼 수 있었다. 실제로 당시의 상황을 짚어보자면, 게임을 출시한 지 2개월밖에 되지 않았고 마케팅 비용의 무게 때문에 적자가 이어지고 있었다. 하지만 2020년 4분기 매출 470 억 원을 기록, 이전 분기 대비 98% 증가했으며, 적자 폭도 상당히 줄어든 것으로 짐작하건대, 2021년에는 큰 폭으로 흑자 전환하리라는 사실을 재무제표를 통해 어렵잖게 알 수 있었다. 더군다나 글로벌 출시까지 염두에 둔다면, 단순 흑자전환 수준이 아니라 실적의 대변혁까지 가능하다. 이는 전문 투자자가 아니더라도 누구나 주의 깊게 본다면 쉽게 알 수 있는 사실이었다.

아니나 다를까, 위메이드는 마침내 2021년 1분기에 영업이익 275 억 원과 당기순이익 240억 원의 흑자로 돌아섰다. 그것도 국내 출시만으로 이룬 성과다. 그런데도 주가는 쉽사리 움직이지 않았다. 모든 실적을 눈으로 볼 수 있었던 2021년 7월까지도 주가는 무상증자 후 가격 기준으로 2만 원 선에서 오르내렸다. 그러다가 2021년 8월 '미르의 전설 4'가 전 세계적으로 출시되고 2분기 실적이 발표되고 나서야, 비로소 주가는 이에 화답하듯 단숨에 10배 상승한 것이다.

2021년 5월 12일 위메이드의 주가는 종가 기준으로 26,471원. 이날은 1분기 실적을 발표하는 IR 발표일이기도 했다. 당시 회사가 준비한 PPT 자료에는 이런 내용이 담겨 있었다.

게임주 빅뱅

〈미르4〉(대만/일본 포함) 위믹스 기반의 NFT 적용한 글로벌 서비스 준비.
중국 출시를 위한 퍼블리싱 파트너 협상 진행.

영업이익 (흑자전환 QoQ, +755% YoY) 직전 분기 대비 광고선전비 큰 폭 감소 등으로 창사 이래 분기 최대 영업이익 기록.

　　위메이드 측에서 공개적으로 주가 상승에 대한 힌트를 적시해놓은 것이다. 그럼에도 불구하고, 주가는 움직이지 않았다. 글로벌 출시가 착착 진행되고 이것이 실적에 반영되고 난 다음에야 주가는 (마치 이 사실을 전혀 몰랐던 것처럼) 번개 치듯 한 달 만에 급상승했다. 꼭 이렇게 티 나게 적시하진 않더라도, 국내 시장을 테스트 베드 삼아 출시한 뒤 단기간 내 글로벌 출시하는 패턴은 게임업계의 불문율과도 같다. 가령 넥슨은 글로벌 누적 이용자 수 8억 5,000만 명에 달하는 거대한 팬덤을 지닌 '던전 앤 파이터' IP를 활용해 '던전 앤 파이터 모바일'을 중국에 출시할 계획이며, 이 라인업에 '마비노기 모바일'도 추가했다. 또 넷마블은 '세븐 나이츠 레볼루션'을 내놓을 예정이며, 엔씨소프트는 국내에서 흥행을 입증한 '리니지 W'를 서구권에 선보일 예정이다. 그런데도 위메이드의 경우나 마찬가지로, 이들의 주가는 당장 눈앞의 실적으로 인해 하향곡선을 따라가고 있다.

　　시장이 게임주를 야박하게 바라보는 것인가, 아니면 시장이 당췌 뭘 모르고 있는 것인가? 그 둘 중의 하나일 수도 있다. 그런 무지라든가 편협한 관점의 근본적인 원인은 어디에 있을까? 게임주 실적의 변동성이 워낙 극심해서, 보수적인 기관투자가들의 입맛에 썩 맞지 않기 때문일 것이다. 주식이 큰 폭으로 상승하려면 어쨌거나 기관의 수급이 필수적인데, 아직 기관투자가들이 머뭇거리고 있으니 그럴 수밖에. 실제로 2021년 10월 산업은행 조사 월보에 의하면, 국내 기관투자자의 게임 산업 신규투자는 2011년 이후 상승 추세를 타고 2014년에 1,755억 원, 136개사로 정점을 찍었다가 하락 추세에 진입해 2020년 현재 1,049억 원 62개사로 정체기에 묶여있다. 이들의 무지, 혹은 협소함은 달리 말하면 지식과 안목을 갖춘 누군가에게는 기회가 된다. 게임 주식의 향방은 게임의 성과에 필연적으로 연동되며 게임의 성과와 주가의 움직임은 현재 증시의 정서로 볼 때 더디게 반응하기 때문에, 더 좋은 주식을 미리 선매입하는 것이 용이하다.

비즈니스 모델이 검증되지 않았던 바이오 주식에 대해 기관들이 투자를 주저하고 있을 때, 셀트리온은 실적으로 그런 모델의 정당성을 입증했다. 그러자 기관을 포함한 투자자들이 이들 바이오 종목으로 대거 쏟아졌고 이후 대한민국에 바이오주 투자 열풍이 불지 않았던가. 그러나 게임주의 열풍은 아직 제대로 불지 않았다. 아마도 2년 안에 게임주들 사이에 텐배거 종목이 속출할 것이다. 바이오의 거품은 이미 꺼지는 중이고, 시장의 자정 작용으로 인해 건강한 종목 위주로 수급이 이어지는 옥석 가리기가 진행되고 있다. 검증되지도 않은 채 막연한 기대만으로 상승했던 기업들의 가치에 대한 재평가가 뒤늦게서야 이루어지는 것이다. 게임주는 P2E 콘셉트의 블록체인 기술이라든지 메타버스 등과 결합하여 미래에 대한 막연한 기대감을 조성해주는 동시에 실적으로 이를 증명해나가고 있다. 이러한 요소들 덕분에 게임주는 머지않은 장래에 차기 주도주로서 기능할 가능성이 매우 농후하다.

연은 순풍이 아니라 역풍에 가장 높이 난다는 말이 있다. 다행히도 현재 게임업계의 선두주자들은 글로벌 흥행 게임 출시를 앞두고 숨 고르기를 하는 단계다. 3N이라 불리는 넥슨, 엔씨소프트, 넷마블과 크래프톤의 2021년 실적은 전년 대비 하향곡선을 그렸다. 이 같은 단기적인 지표가 게임업계의 전망을 어둡게 그리는 바람에, 주가 또한 하락한 상황이다. 그러나 게임주를 제대로 공부한 사람이라면 지금의 시점이야말로 동트기 전 새벽 상황이란 것을 안다. 불고 있는 역풍 속에서 우리는 높게 날릴 연을 준비해야 하지 않겠는가!

✅ 데브시스터즈 주가는 어떻게 20배나 뛰었나?

2020년만 하더라도 '쿠키런'의 개발사 데브시스터즈는 주가 8,000원과 만원 사이에서 움직이는 시총 천억 원짜리의 자그마한 게임 개발사에 불과했다. 그러던 데브시스터즈의 주가는 한때 199,500원으로 상승하며 20배가 넘는 역사적인 상승률을 보여주었다. 그것도 불과 9개월 만에 일어난 일이다. 무슨 테마를 업고 그렇게 된 것도 아니었는

데, 그해 실적을 기반으로 상승한 여러 종목 중에서는 단연 최고의 상승률을 자랑했다,

　데브시스터즈는 2007년 이지훈 대표가 설립한 회사로 2009년 6월에 선보인 모바일 러닝 게임 '오븐 브레이크'로 시장에 존재감을 알렸다. '오븐 브레이크' 속에는 마녀의 오븐을 벗어나기 위해 질주하던 쿠키 캐릭터가 있었는데, 이 쿠키 캐릭터를 재조명하여 제작한 것이 바로 우리가 익히 알고 있는 2013년 작품 '쿠키런'이다. 데브시스터즈는 창립 6년 만에 '쿠키런'이라는 걸출한 IP를 만들어내는 데 성공한 것이다. 이 게임은 2014년 메신저 라인을 통해 해외로 진출하였고, 이에 힘입어 그해 10월 데브시스터즈는 코스닥 상장에 성공했다.

　그러나 이들은 캐주얼 게임이 가진 본연의 약점을 극복하지 못했다. 그것은 과금 요소의 부족과 짧은 게임 사이클로 요약할 수 있었다. RPG 계열의 게임은 고객 한 명당 결제 금액이 상당히 큰 편이다. 일단 그 세계관에 녹아들기만 하면, 유저들은 자신이 아끼는 캐릭터를 키우기 위해 꾸준히 결제하기 때문이다. 그러나 단발성 흥미 위주의 캐주얼 게임에서 현금을 결제하는 비중은 상당히 미미하다. 게임이 크게 흥행해도 결제는 별로 하지 않는 것이다. 게다가 게임의 수명도 RPG 게임에 비해 길지 않다. 캐주얼 게임은 유저들의 몰입을 붙잡아둘 만큼 깊은 세계관이 없어서 게임의 사이클이 2~3년 정도로 짧다. 반면,

'세븐 나이츠', '서머너즈 워', '리니지' 등의 RPG 게임은 7~10년째 롱런을 기록하고 있다. 그래서 쿠키런을 통한 반짝 상장 후 '쿠키런:오븐 브레이크'의 매출이 추락하는 가운데 데브시스터즈는 말라만 갔다. 적자는 계속 이어졌고 곧이라도 상장 폐지에 들어갈 것만 같았다.

그러다 2016년 후속 게임인 '쿠키런: 오븐 브레이크'를 발표한다. 이 게임은 비록 대박은 아니었지만, 글로벌 출시로 어느 정도 성과를 거두며 데브시스터즈에 따뜻한 숨을 불어 넣어주었다. 그렇지만 이런 흥행에도 불구하고 데브시스터즈의 당기순이익은 여전히 적자였다. 캐주얼 게임의 한계인 '과금 요소 부족'을 극복하지 못한 것이다. 결론적으로 2018년, 2019년, 2020년 모두 영업이익 적자를 기록했다. 그렇지만 1억 명이 넘는 글로벌 유저가 쿠키런 캐릭터를 접해봤다는 것은 그들이 가진 커다란 자산이었다. 비록 돈을 벌진 못했지만, 데브시스터즈는 '쿠키런'이라는 IP의 끈을 놓지 않았고, '쿠키런'을 이용해 돈을 벌 궁리를 하기 시작했다.

그래서 데브시스터즈는 2021년 1월 기존의 게임 형식에 캐릭터를 수집하고 육성하는 RPG 요소를 도입한 '쿠키런 킹덤'을 출시했다. 이 게임은 남성 중심 MMORPG에 집중되어 있는 국내 모바일 게임 시장에서 RPG와 SNG(Social Network Game)를 결합함으로써 새로운 바람을 일으켰다. 저연령층 및 여성 게이머들이 쉽게 접근할 수 있는 '쿠키런' IP 기반의 SNG와 게임 라이프사이클이 긴 수집형 RPG의 양식을 결합해 새로운 장르의 게임을 탄생시킨 것이다. 기존 RPG 장르는 남성 유저가 70% 이상이지만, 모바일 인덱스의 통계에 따르면 '쿠키런 킹덤'은 오히려 여성 게이머 비중이 60%에 달한다. 데브시스터즈는 '쿠키런 킹덤'을 통해 미개척 그룹이던 여성 유저들을 RPG 게임 장르로 유입시키는 데 성공한 것이다.

'쿠키런 킹덤'은 출시되자마자 국내 주요 앱스토어 인기 순위 1위를 기록하였고, 서비스 두 달 반 만에 글로벌 누적 다운로드 1,000만 건을 기록하는 대흥행을 이뤘다. 곧이어 일본 게임 인기 순위 애플 앱스토어, 구글 플레이 1위를 기록했고, 미국 게임 인기 순위 애플 앱스토어 2위를 기록했다. 데브시스터즈는 게임 하나가 가진 힘을 미련 없이 보여주었다. 그리고 이를 실적으로 증명했다. 2019년 매출액 600억 원, 영업적자 220억 원, 2020년 매출액 700억 원, 영업적자 60억 원이라는 실적을 뒤집어엎으며, '쿠키런 킹덤'이 출시된 2021년 1분기에만 매출 1,054억 원, 영업이익 238억 원을 기록한 것이다. 만년 적자 기업에서 탈피하여 거대기업의 탄생을 알린 것이다. 2021년 총 매출은 3,693억 원, 영업이익은 563억 원을 기록했다. 영업이익이 생각보다 미진했던 이유는 신작 게임 출시 비용과 마케팅 비용이 컸기 때문이다. 단적으로 광고-선전비가 890억 원이나 되었다. 그럼에도 불구하고 데브시스터즈는 '쿠키런 킹덤'을 통해 거대기업으로 도약할 계기를 스스로 마련한 셈이다. 그리고 2022년에는 '세이프하우스', '브릭시티',

'오븐 스매시'라는 3개의 걸출한 신작 라인업 출시를 앞두고 있다. 주가가 한창 최고를 달릴 때 데브시스터즈의 시가총액은 2조 원 선으로, 2021년 막대한 영업비용 지출에도 불구하고 당기순이익 약 500억 원을 기록했다. 게임업계 적정 PER인 40배를 적용했을 때 20배가 올랐다고 해도 2조 원의 밸류에이션은 타당하다고 볼 수 있다.

'쿠키런 킹덤'의 글로벌 출시는 현재까지도 진행 중이고, 매출은 안정화 국면에 진입했다. 2022년의 당기순이익은 적어도 500억 원을 넘길 것으로 예상된다. 그렇지만 데브시스터즈의 지지부진한 주가로 인해 시총은 7,000억 원 수준으로 내려앉았다. 아까도 언급했듯이, 주식시장이 유독 게임주에 야박한 탓이다. 물론 회사가 '쿠키런 킹덤'의 매출에 기대는 의존도가 너무 높아서 매출의 지속가능성이 의심된다는 뜻으로 해석될 수도 있다. 그러나 예컨대 슈퍼셀은 어떤가, '클래쉬 오브 클랜'과 '브롤 스타즈' 두 가지 게임으로 매출의 대부분을 만들어내지 않는가. 그러나 만약 '쿠키런 킹덤'의 지표들이 지금처럼 튼튼한 수준을 보여주고, 2022년 라인업 세 가지 중 하나만이라도 성공해서 장기 성장 가능성을 보여준다면, 데브시스터즈는 시총 전고점인 2조 원을 돌파하여 3배 이상 상승할 여력이 충분한 것이다. 되풀이하거니와, 연은 역풍에 가장 높이 떠 오른다. 지금 게임주의 평가에 대한 편협한 시선은 근년 내 바뀔 것이고, 미리 위치를 선점한 투자자들이 얻을 과실은 풍요롭고도 달콤할 것이다.

여기서 또 하나의 의문이 고개를 든다. 우리는 정말로 데브시스터즈의 상승을 예상할 수 없었던가? 그렇지 않다. '쿠키런 킹덤'은 1월 21일 출시되었다. 그리고 1월 22일 주가는 상한가를 기록했다. 1월 21일 출시되자마자 흥행능력을 입증했기 때문이다. 2020년 11월 16일 데브시스터즈의 주가는 종가 기준 9,450원으로, 그 날 발표된 IR 자료에는 이런 구절이 있다.

- '쿠키런'의 세계관을 기반으로 왕국을 건설하는 SNRPG
- 연내 사전 예약 실시 예정 (21년 1분기 글로벌 론칭)

데브시스터즈가 어떠한 맥락에서 이런 게임을 만들었는지를 아는 사람이 아니라면, 이 같은 글을 보더라도 게임의 흥행을 점칠 수 없을 테고, 따라서 쉽게 투자를 감행할 수는 없으리라. 그 점은 인정하고 받아들일 수 있다. 그러나 우리가 정말 '쿠키런 킹덤'의 흥행을 예측조차 할 수 없었는지 반문해보면, 나의 대답은 '그렇지 않다.'이다. '쿠키런 킹덤'의 사전 예약이 진행된 시점은 12월 4일, 그리고 5일 만인 12월 9일에 사전 예약자 수는 이미 100만 명을 넘겼다. '쿠키런'이라는 IP가 지닌 힘을 증명한 것이다. 그리고 1월 8일 게임 영상이 공개되었고, 1월 10일 사전 예약자 수는 200만 명을 넘겼다.

사전 예약이 진행된 2020년 12월 4일 주가 : 12,700원

사전 예약자 수 100만 명을 넘긴 2020년 12월 9일 주가 : 14,400원

게임 영상이 공개된 2021년 1월 8일 주가 : 15,600원

사전 예약자 수 200만 명을 넘긴 2022년 1월 11일 주가 : 15,450원

얼핏 만만찮게 상승한 것으로 보이지만, 같은 기간 코스닥 지수가 약 8% 상승한 데 비해, 데브시스터즈는 22% 상승했을 뿐이다. 글로벌 유저 1억 명을 보유한 '쿠키런'의 사상 첫 RPG 게임 출시를 앞두고 있고, 게임 영상을 미리 볼 수 있으며, 사전 예약자 수가 200만 명을 넘어섰으니, 상당히 명백한 힌트 아닌가? 이런 시점에서 14% 정도의 주가 프리미엄은 충분히 감내할 만한 비용 아닌가? 아니나 다를까, 막상 게임이 출시되자마자 데브시스터즈는 폭등 랠리를 이어갔다.

이런 데브시스터즈를 두고 젊은 주식 투자자들 사이에서 '라할살(~라고 말할 때 살걸)'이라는 표현이 유행처럼 번졌다. 위 두 가지 사례를 통해 볼 수 있듯이, 우리의 예상과는 다르게 게임주는 차분하게 우리가 매수할 때까지 기다려준다. 마이크로소프트는 1월 18일 82조 원을 들여 블리저드를 인수했다. 1991년 설립된 세계 최고의 이 게임 제작 스튜디오는 '워크래프트', '디아블로', '스타크래프트', '오버워치', '하스스톤(Hearthstone)' 단 5개의 IP만으로 30년 동안 사업을 영위해오며 매년 4조 원에 달하는 돈을 벌어들인다. 세계 유저들에게 인식된 단일 IP가 가진 가치는 수조 원에 달한다. 지금 대한민국에도 이처럼 경쟁력

있는 단일 IP를 가진 기업들이 있다. 분명히 존재한다. 그러나 이 IP의 가치는 아직도 주가에 제대로 반영되지 않았다. 대한민국에서 진정한 게임주 랠리는 아직 시작되지도 않았다는 얘기다. 수많은 기회가 즐비하게 널려 있고, 그런 주식은 우리를 차분히 기다리고 있다. 우리가 그들의 기다림을 알아볼 안목만 기른다면, 경제적 자유는 머지않아 찾아올 것이다.

거대 IP의 개발

☑ 텐배거의 불씨, 컴투스

지금까지 논의했던 두 게임사는 기존의 IP를 재탄생시켜 기업의
체질을 근본적으로 바꾼 사례였다. 그러면, 관점을 약간 바꾸어 컴투
스라는 기업의 예를 통해서 걸출한 IP의 개발과정을 살펴보도록 하자.

1998년 7월에 설립된 컴투스는 1999년 국내 최초로 모바일 게임을
개발했고 2007년에 코스닥에 상장한 이 분야의 선두주자다. 대표적인
게임으로는 '타이니 팜', '컴투스 프로야구', '낚시의 신', '미니게임 천
국' 등이 있었다. PC용 RPG 게임을 기반으로 성장한 다른 게임 대기업

들과 달리 컴투스는 모바일 게임으로 사업을 확장해옴에 따라 기업을 획기적으로 성장시킬 킬러 콘텐트가 딱히 없는 상황이었다. 즉 컴투스를 이용하는 유저들은 육성이 아니라 단순 흥미 위주로 자사 게임을 찾았기에, 그들을 오랜 시간 가둘 수 있는 세계관이 부재한 상황이었다. 다만 한 가지 고무적인 요소라면, 이 인스턴트 게임을 글로벌 대상으로 집중 마케팅하여, 다른 게임사에 비해 해외 매출 비중이 높았다는 점이다. 다시 말해 해외 마케팅 역량을 꾸준히 축적해온 것이다. 이러한 노력 끝에 세계 50대 모바일 게임 개발사 중 5위를 차지하면서, 눈에 띄는 성과를 거두기도 했다. 즉, 게임이 유통될 통로는 미리 개척해놓은 것이다.

'쿠키런'의 사례를 통해 볼 수 있었던 것처럼, 캐주얼 게임은 게임의 생명 주기와 과금 요소에 있어 명확한 약점을 보유하고 있다. 컴투스는 이러한 내부적 상황을 타개하기 위해 막대한 자금을 들여 모바일 MMORPG 게임 개발에 착수했다. 그 결과 2014년 출시하게 된 게임이 바로 그해 대한민국 게임대상 우수상을 차지한 '서머너즈 워'다. 2013년 컴투스는 다양한 캐주얼 게임 포트폴리오로 매출 800억 원, 영업이익 78억 원을 기록해 전년과 비슷하게 안정적인 수준을 보여주었다. 하지만 대형 게임사로 도약할 "한 방"이 부족했다. 즉 영업이익을 안정적으로 구현하는 탄탄한 글로벌 중소 모바일 게임사였던 것이다.

그러던 2014년 1월 컴투스의 첫 번째 RPG 게임 '서머너즈 워'가 한 전시회를 통해 베일을 벗었다. '서머너즈 워'는 이용자가 400여 마리의 몬스터를 통해 전략 전투를 펼치는 턴제 RPG 게임으로, 몬스터 능력을 진화, 각성, 룬 등 다양한 방식으로 올릴 수 있는 복잡한 전략형 전투게임이다. 기존 쉬운 게임만 고집해오던 컴투스가 야심 차게 준비한 한 방이었다. 그리고 다음 달 2월 24일 비공개테스트(CBT)를 진행했다. 이때만 해도 '서머너즈 워'의 글로벌 흥행을 점친 사람은 거의 없었다. 다만 '컴투스가 심혈을 기울여 RPG 게임 하나 출시하네,'라는 정도의 반응만을 끌어낸 것이다. 그리고 마침내 4월 17일 '서머너즈 워'는 공식 출시되었다. 그리고 어떤 회사보다 일찍이 글로벌 역량을 쌓아온 컴투스답게 한 달 반 뒤인 6월 바로 글로벌 출시를 진행한다고 공언했다. 국내 출시 결과는 놀라웠다. 첫 RPG 게임이자 신규 IP임에도 불구하고, 일주일 만에 구글 매출 순위 10위권에 진입한 것이다. 그리고 RPG 게임답게 매출은 순조롭고도 탄탄하게 올라갔다.

이후 '서머너즈 워'의 경쟁력은 글로벌 출시에서도 재확인된다. 7월 2일 기준 모두 15개 나라에서 구글 앱 마켓 매출 순위 10위권을 기록한 것이다. 특히 동남아 지역에서 폭발적인 반응을 끌어냈다. '서머너즈 워'로 인해 컴투스는 2분기 동안에만 매출 430억 원, 영업이익 170억 원을 기록했다. 2013년 한 해 동안 벌어들인 영업이익의 2배를 한 분기만에 벌어들인 것이다. RPG 게임의 과금 요소와 컴투스의 글로벌 역량이 이룬 쾌거였다. 그리고 본격적으로 글로벌 진출이 시작된 3분기에는 매출액 870억 원, 영업이익 460억 원을 터치했다. 이 3분기 매출의 80%는 해외에서 발생했으니 놀라운 결과다. 결론적으로 2014년 전체 영업이익은 1,010억 원에 이르러, 전년(2013년)보다 12배 넘는 수치를 기록했다. 이미 그 정도의 영업익을 누린 데다가 글로벌 마케팅도 진행 중이어서, 2015년의 수치는 더욱 증가할 것으로 예측되었다. 이런 논리라면 당연히 주가도 12배 이상 상승해야 한다. 그리고 주가는 이에 화답했다.

2014년 1월부터 3월까지 컴투스 주가는 2만 원 선을 유지했다. 그러다가 4월부터 가파른 속도로 3만 원에 안착했다. 앞서 예로 든 위메이드와 데브시스터즈와는 달리, 어째서 컴투스는 미리 이렇게 움직였을까? 무엇보다 컴투스는 적자기업이 아니라 안정된 영업이익을 꾸준히 내던 기업이었고, 기본적으로 쌓아온 역량에 대한 믿음이 상대적으로 단단했던 까닭이다. 그럼에도 컴투스는 기다려줬다. 4월부터 6월 초까지 3만 원 선에서 차분히 머물러 있었다. RPG 게임의 과금 능력과 앱 마켓에서의 성과를 본다면, 이런 주가 수준에는 당연히 의문을 제기해야 했다. 그러나 투자자들은 새로운 IP 개발을 통한 회사의 성장을 목도한 경험이 있었기에 당황했고 머뭇거렸다. 이후 주가는 6월 한 달 8만 원으로 2배 상승하더니 8월 13만 원, 10월 17만 원, 이듬해 1월 19만 원으로 실적에 맞춰 점진적인 계단식 상승을 경험했다. 선제적 데이터

게임주 빅뱅

가 없으니 실적이 확인된 다음에야 비로소 주가가 그에 맞춰 오르는 패턴을 보인 것이다.

지금 컴투스는 '서머너즈 워'를 주축으로 무려 8년간 안정적으로 영업이익을 1,000억 원 이상 벌어들이고 있다. 그리고 2022년 3월 현재 주가는 약 11만 원 수준이다. 현재까지 '서머너즈 워'는 누적 90개 국가에서 모바일 게임 매출 1위를 기록했고, 누적 132개 국가에서 RPG 장르 1위를 달성했다. 또 2019년에는 경이의 글로벌 다운로드 1억 회를 돌파했다. 그런 컴투스가 올해 2분기 기존 '서머너즈 워'의 세계관을 그대로 계승하여 오랜 기간 공들여 개발한 MMORPG 게임 '서머너즈 워 : 크로니클'을 내놓는다. 그리고 언제나 그랬듯 컴투스는 정체된 주가로 우리를 기다리고 있다. 컴투스가 8년 만에 내놓는 '서머너즈 워: 크로니클'의 성장을 예민하게 관찰할 시점이 되었다.

컴투스의 사례를 통해 깨달을 수 있듯이, 성공한 새로운 IP는 기업의 정체성을 송두리째 흔들어놓는다. 물론 이 새로운 IP의 흥행을 예측하는 것은 불가능에 가깝다. 그러나 CBT 반응, 사전 예약, 매일 집계되는 초기 인기 순위 등을 세심하게 관찰한다면, 해당 연도의 실적을 미리 가늠해볼 수 있다. 그리고 그런 실적이 재무제표에 실제로 찍혀 나오기 전까지 주가는 우리를 기다려준다. 우리는 이 거시적인 흐름을 판별한 안목만 갖추면 되는 셈이다. 2022년은 새로운 IP 등장의 원

년이다. 대형 게임사들은 하나같이 막대한 자금을 들여 개발한 게임들의 출시를 앞두고 있다. 이들이 거침없이 바꿀 게임업계의 판도가 기대된다.

☑ 배틀그라운드의 위대한 서사

1997년 네오위즈를 공동창업해 1999년 '세이클럽'을 세상에 내놓은 뒤 2005년 온라인 검색 서비스 업체 첫눈을 창업해 350억 원을 받고 네이버에 매각한 서른세 살의 장병규 의장은 젊은 나이에 이미 거부가 되었다. 그런데도 무언가 채워지지 못한 도전에 대한 갈증이 그의 행복을 방해하고 있었을까. 그는 어느 날 한 통의 전화를 받게 된다. "당신이 이 일을 세상에서 제일 잘할 수 있을 것 같아서 연락드렸습니다."

1998년에 세상에 나온 게임 '리니지'는 이후 출시한 '리니지2'까지 성공시키면서 엔씨소프트를 국내 최고 게임회사의 반열에 올려놓았다. 이때 '리니지'의 제작을 총괄한 것이 박용현 대표였다. 그런데 박용현과 그 휘하에 있던 몇몇 '리니지' 성공의 주역들은 오롯이 자신들의 힘만으로 회사를 만들어 '리니지'를 능가할 하나의 MMORPG 대작을 만들고 싶었고, 이를 도와줄 사람을 찾고 있었다. 그렇게 그들이 합심해서 2007년에 탄생시킨 회사가 크래프톤의 전신인 블루홀이다.

이들이 400억 원을 들여 개발한 작품 '테라'는 2011년 국내 첫선을 보이게 되었다. 그러나 '리니지'를 뛰어넘겠다는 그들의 포부는 여지없이 산산조각났다. 초기 동시접속자 수는 13만 명을 기록했지만, 게임에 대한 실망으로 그 수는 가파른 속도로 감소했다. 화려한 그래픽과 방대한 물량에서는 강점이 있었지만, 스토리의 통일성과 캐릭터 육성의 재미가 약하다는 평을 받았다.

2012년 국내 시장에서의 뼈아폰 실패 이후 블루홀은 미국 진출을 준비했다. 북미의 게이머들은 스토리를 캐릭터보다 중요하게 여긴다. 그래서 블루홀은 미국 현지 스토리 작가를 고용해 '테라' 이야기를 새로 다듬고 '퀘스트'도 이에 맞춰 재정비한 다음, 그해 5월 '테라'를 북미와 유럽에 출시한다. 그러나 한 달 뒤 블리저드의 저 유명한 '디아블로3'가 세상에 나왔다. '디아블로3'의 글로벌 판매량은 출시 첫 주에 630만 장을 기록했고, 2012년 8월에 3천만 장을 기록하며 전 세계 게임업계를 먹성도 좋게 집어삼켰다. 블루홀은 뒤이어 콘솔 게임 출시, 중국 시장 진출 등 '테라'의 IP를 활용한 잇단 시도에서도 모두 실패했고, 그 때문에 자금난에 시달리게 된다.

그러다 2014년 스마트폰 게임 매출 천억 원의 시대가 열렸다. '테라'의 실패를 만회하기 위해 블루홀은 소규모 게임사 등 다양한 IP를 보유한 소형 게임사들의 인수에 박차를 가했다. 그 가운데 '데빌리언'이라는 MMORPG 게임을 출시했으나 실패를 경험했던 60명 규모의 지노게임즈가 있었다. 비록 그들의 주력 게임은 실패했지만, 블루홀은 그들이 가진 개발 역량을 믿었다. 뒤이어 피닉스게임즈, 스콜 등도 줄줄이 인수했다.

이 지노게임즈에는 김창한이라는 역전의 용사가 있었다. 2015년 11월 김창한은 장병규 의장에게 메일을 보낸다. 메일의 서두는 다음과 같이 시작한다. "제가 최근에 미쳐 있는 프로젝트가 있습니다. 이제 제안서의 형태가 되었으니 프로젝트 승인을 얻기 위한 활동을 하고 싶습니다." 그 제안서는 외딴 섬에 투입된 여러 명의 플레이어가 다양한 무기와 탈 것을 활용해 최후의 1인이 살아남는 순간까지 전투를 계속하는 슈팅 게임에 관한 것이었다. 그리고 그는 이 게임을 개발하여 세계 최대 규모의 PC 게임 온라인 스토어 스팀에 판매하고자 했다. 진출하려는 해외 시장마다 현지 배급사와 계약해 게임을 판매하는 방식이 아니라, 스팀을 통해 곧바로 PC게임을 전 세계에 유통해 북미 게이머들과 직접 만나기를 원한 것이다. 그 게임의 이름이 바로 '배틀그라운드', 2018년 세계에서 가장 많이 팔린 바로 그 유료게임이다.

김창한은 28세에 게임업계에 입문해 17년 동안 온라인 게임 3종을 만들었는데, 이 게임 모두 만족할 만한 ROI(투자수익률)를 거두지 못하여 검증되지 못한 작품이었다. 그러나 블루홀은 그의 열정을 믿고 30억 원을 투자해 게임 개발을 맡겼다. 임직원에게 월급 줄 돈이 2개월

치밖에 남지 않았던 2017년, '배틀그라운드'는 블루홀을 극적으로 살렸다. 온라인 스트리머들 사이에서 인기를 타며, 출시 후 3일 만에 35만 장 판매, 매출 1천만 달러, 동시접속자 수 6만을 기록한 것이다. 2017년 상반기 '배틀그라운드'는 13주 만에 누적 매출 1억 달러, 판매량 400만 장, 동시접속자 수 300만 명을 넘어섰다. 그리고 블루홀의 모든 재무적 어려움을 단숨에 해결해치웠다.

2018년 배틀그라운드는 매출 10억 달러의 세계를 누비는 대작이 되었고, 블루홀은 크래프톤으로 사명을 바꾼다. 그리고 2020년 김창한 은 크래프톤 대표에 선임되었다. 그리고 2021년 7월 크래프톤은 한때 시가총액 30조 원을 넘기기도 했다. 전 세계적으로 흥행한 게임 하나 가 직원들 급여조차 걱정해야 하는 회사를 초거대기업으로 탈바꿈시 켜놓은 것이다.

그렇다면 현재 크래프톤의 약점은 무엇일까? 첫째로 하나의 게임 에 대한 높은 의존도, 둘째로 FPS 장르의 과금 요소 한계, 이렇게 둘로 요약할 수 있다. 크래프톤은 그 첫 번째 약점을 극복하기 위해, 주식시 장이 한창 열풍일 때 '배틀그라운드'가 수혈받은 공모자금으로 다양 한 신작 라인업을 구축함과 동시에 전망 좋은 게임 스튜디오의 인수에 나섰다. 특히 '서브노티카'로 유명한 언노운 월즈를 6천억 원에 인수했 고, 2022년 중 4개의 신규 게임 론칭 계획을 앞두고 있다. 일례로 2021년

11월 '배틀그라운드' IP를 활용한 새로운 모바일 게임 '뉴스테이트 모바일'을 출시하여 지속적인 마케팅 활동을 이어가고 있다. 그리고 앞에서 들었던 컴투스의 사례와 비슷하게, 크래프톤의 해외 매출 비중은 94%로 글로벌 시장에서의 브랜드 가치 또한 꾸준히 높아지고 있다.

두 번째 과금 요소의 한계는 아마도 현재 상황에서는 극복하기 힘들지도 모르겠다. FPS 게임은 근본적으로 플레이어 사이의 공정성이 게임을 굴러가게 만드는 주된 로직이다. 어떤 플레이어가 압도적인 성능의 총을 이용하여 전투에 임한다면 게임의 흥미 요소는 반감되지 않겠는가. 그렇기에 캐릭터 스킨, 액세서리 같은 부가적인 요소를 통해 과금할 수밖에 없다는 치명적인 약점이 있는 것이다. 그럼에도 크래프톤이 최근 4년간 막대한 매출을 올릴 수 있었던 것은 왜일까? 게임 자체를 2~3만 원에 판매하는 스팀이라는 플랫폼에서 유통함으로써, 글로벌 흥행과 맞물려 수조 원의 총판매를 기록했기 때문이다. 그리고 이 열기를 고스란히 '배틀그라운드 모바일'로 가져가, 코어 이용자층을 대상으로 한 2년간의 스킨 판매도 성공시켰다. 다만, 지금은 이마저도 지표가 계속 하락하는 추세다.

결국, 크래프톤도 컴투스와 마찬가지로 과금의 딜레마에 빠진 것이다. 크래프톤은 국내 증시가 가장 뜨거울 때 상장하여 시가총액 30조 원을 넘어서기도 했지만, 현재는 시가총액 13조 원 수준으로 원히트 원더(one-hit wonder)의 약점이 이미 주가에 반영되어 있는 모양새다. 지금의 주가 수준은 '배틀그라운드'의 게임 가치와 적절하게 어울린다고 본다. 그렇다면, 이제 중요한 것은? 브랜드 가치를 지렛대 삼아 새로운 IP의 게임 흥행에 성공하는 일이다. 크래프톤 주가의 미래는 바로 거기에 달려있다. 그리고 게임주는 우리를 기다려줄 것이기에, 이 새로운 라인업들의 흥행을 확인하고 투자해도 늦지 않다.

비록 비상장사이긴 하지만, 스마일게이트라는 게임사가 있다. 크래프톤과 비슷한 FPS 게임을 개발해왔다. 기업가치는 (비공식이긴 하지만) 7~8조 원으로 추측된다. 스마일게이트는 '크로스파이어'라는 단일 게임으로 2008년 중국 시장에 진출하여 동시접속자 수 400만 명을 넘어서는 중국의 국민 총 게임이 되었다. 그러나 스마일게이트는 크래프톤보다 발 빠르게 움직였다. '크로스파이어'가 한창 성공 가도를 달리던 2011년부터 이미 다음 주자를 기획해 7년간 제작비 1,000억 원을 들여 MMORPG 게임 '로스트아크'를 개발한 것이다. '로스트아크'는 2018년 11월 국내에 먼저 출시돼 PC게임 순위 5위권에 꾸준히 머무르며 든든한 캐시 카우로 자리 잡는가 싶더니, 다음 해에는 대한민국 게임대상까지 받았다. 뒤이어 2022년 2월 스팀에 글로벌 출시를 감행했고 현재 엄청난 흥행성을 보여주고 있다. 동시접속자 수 100만 명을 넘어서며 1위 게임으로 등극한 것이다. 2017년 8월 '배틀그라운드'가 기록한 325만 명에 이어 스팀 내 세계에서 두 번째로 많은 접속자가 모인 게임이 된 것이다. 그리고 이 1,000억 원 대작 '로스트아크'는 스마일게이트의 향후 10년을 책임질 것이다. 이 게임을 실제로 개발한 자회사 스마일게이트 RPG는 올해 중 혹은 내년 초 상장을 준비하고 있다. 글로벌 역량과 과금 모델을 두루 갖춘 이 회사의 상장은 투자자들이 충분히 주목할 만하다.

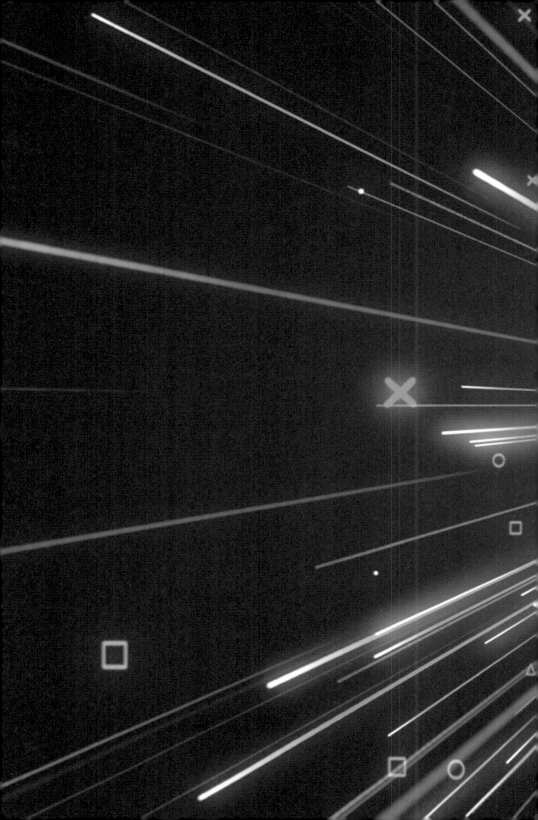

PART 4

과금의 한계 돌파 -
게임 산업의 중기적 방향성

국내 게임 산업은 MMORPG 게임을 통해 형성되었고, 부분 유료화 모델과 확률형 아이템이라는 두 가지 비즈니스 모델을 통해 오늘날의 성과를 이루었다. 그러나 이러한 모델에 대한 역작용으로 유저들의 피로도는 가중되었다. 그런데 게임업계란 것이 결국 유저들을 고객으로 삼는 것이어서, 유저들의 반발감은 산업 전반에 대한 의구심으로 번져 게임 산업이 저평가되는 결과를 초래했다. 신뢰가 약하다 보니 투자자들의 게임주 평균 보유 기간은 굉장히 짧은 편이며, 주가가 한 번 내릴라치면 실망 매물의 대거 출현으로 낙폭이 과도하게 일어나는 양상을 보인다. 이런 경향은 2022년 현재도 두드러져, 기대 실적과 주가 간 괴리율이 가장 큰 절대적 저평가 국면에 진입했다. 이런 저평가 현상에 더해 2022년은 게임 산업의 비즈니스 모델이 질적 개선을 이루어낼 위대한 변곡점이기도 하다. 자, 국내 게임 산업은 자신의 한계를 어떻게 뛰어넘을 것인가?

P2E / NFT : 소비만 하는 게임에셔 벌고 쓰는 게임으로

　2022년 5월 현재 모바일 게임의 매출 순위 10위권을 살펴보면, '카트라이더'와 '피파온라인'을 제외한 게임 무도가 RPG 장르로 구성되어 있다. RPG는 Role Playing Game의 줄임말로, 쉽게 말해서 가상공간에서 유저들이 자신의 캐릭터를 육성시키는 장르를 말한다. 자신의 캐릭터에 애착을 갖는 과정에서 유저들은 쉽게 주머니를 열어왔다. 그러나, 돈을 쓰기만 했던 게임의 형태가 가상화폐 경제와 만나 새로운 형태로 변화하고 있다. 이른바 돈을 버는 게임, Pay To Earn, P2E 게임이 그것이다. 유저들의 노력으로 얻은 게임 속 재화를 토큰으로 바꾸고, 그 토큰을 가상화폐거래소에서 코인으로 바꾼 다음, 이를 현금화하

순위	▶ Google Play			▲ App Store		
1	리니지W NCSOFT		〰	던전앤파이터 모바일 NEXON Company		〰
2	리니지M NCSOFT		〰	오딘: 발할라 라이징 Kakao Games Corp.		〰
3	오딘: 발할라 라이징 Kakao Games Corp.		〰	FIFA ONLINE 4 M by EA SPORTS™ NEXON Company		〰
4	던전앤파이터 모바일 NEXON Company		〰	리니지M NCSOFT		〰
5	리니지2M NCSOFT		〰	리니지W NCSOFT		〰
6	히어로즈 테일즈 37 Mobile Games		〰	라이즈 오브 킹덤즈 Lilith Games		〰
7	Roblox Roblox Corporation		〰	쿠키런: 킹덤 Devsisters		〰

◐ 2022년 5월 현재 양대 마켓 매출 상위 모바일 게임 (자료; 모바일 인덱스)

는 과정을 통해 실제로 돈을 버는 구조적 설계가 가능해진 것이다.

　　이 과정에서 게임사들은 자신들이 론칭한 암호화폐를 유동화하여 수익을 낼 수 있고, 게임 아이템을 토큰으로 바꾸는 과정에서 수수료를 받음으로써 부가수익도 실현할 수 있다. 게임 속의 경제 시스템은 그 게임에만 국한된 것이었는데, 여기다 블록체인 기술을 도입함으로써 현실과 게임의 접점이 생긴 것이다. E-스포츠 전문 벤처 캐피털 기업인 BITKRAFT에 따르면, 2021년 15억 달러 규모였던 글로벌 블록체인 게임 플랫폼 시장은 2025년 500억 달러까지 성장할 것이라고 한다. 그리고 이 사업 영역에서 국내 게임업계는 MMORPG 시장에서 축적된 역량을 지렛대 삼아 독보적으로 앞서 나가고 있다.

블록체인 기술은 그 범위가 굉장히 넓지만, 상업화되어 있는 부분의 특징을 들자면 암호화폐와 NFT, 이 두 가지로 나눌 수 있다. 우리가 아는 그대로 암호화폐는 분산 환경에서 암호화 기술을 사용하여 만든 디지털 화폐를 말한다. 반면, NFT(Non-Fungible Token)는 '대체 불가능한 토큰'이라는 뜻으로 블록체인상의 토큰을 다른 토큰으로 대체하는 것이 불가능해 그 유일성을 확보하게 된다. 현실 세계에서 미술, 음악, 소설 등의 창작물은 저작권과 소유권 등 법적 장치로써 보호받아 왔지만, 실상 디지털 저작물은 그렇지 않았다. 그런데 디지털 자산 하나하나에 종속되어있는 대체 불가능한 토큰들은 그 자산의 '이름표' 혹은 '등기부등본' 역할을 하게 된다. 이 토큰에는 소유권과 판매 이력 등의 정보가 블록체인 기술로 모두 저장되기 때문에, 최초 발행자를 언제든 확인할 수 있어 위조가 불가능하다. 그래서 그 자산에 값을 매기기 쉽게 해줄 뿐 아니라, 이를 통해 안전한 디지털 자산의 거래가 가능해진다. 우리는 각 토큰을 암호화폐로 바꾸어 현금화할 수 있으므로, 디지털 자산을 재산화하여 거래할 수 있는 것이다.

자, 그렇다면, 우리가 가진 캐릭터나 게임 아이템들이 'NFT화'한다면 어떻게 될까? 게임 속의 모든 재화들은 각 게임사에 의해 통제되었지만, 블록체인 환경 속에서는 각 캐릭터와 아이템의 소유권이 유저에게 이전되며 이를 가상화폐로 교환하여 현금화하는 방법도 생길 것이다. NFT 게임 속 유저들은 노력으로 쟁취한 모든 아이템에 누구도

빼앗을 수 없는 이름표가 생기게 되어, 이를 게임사가 만든 가상화폐로 교환하고 현금화할 수 있을 것이다. 물론 예전에도 아이템을 현금으로 거래하는 방법이 있었지만, 이 방법은 두 가지 단점이 있어 그리 많이 활용되지 못했다. 첫 번째 단점은 거래 위험이 크다는 것이었다. 안전한 거래 방법이 구축되지 않았기에, 거래 도중 송금이 이루어지지 않거나 아이템의 이전이 이루어지지 않는 등 여러 가지 온당치 못하거나 부실한 면이 있었고, 이 때문에 아이템 거래를 꺼리는 사람도 많았다. 두 번째는 그런 거래들이 소수의 고가 아이템 위주로 이루어져, 초보자들이 이용하기에 한계가 있었다는 점이다. 거래 과정이 간단하지 않았기 때문에 단가가 높은 아이템들 위주로 게시글이 올라왔고, 그래서 소수의 '고렙'(레블이 높은) 유저를 제외하고는 실제로 아이템 거래를 이용하는 경우가 드물었다.

이 두 가지 단점을 모두 극복한 것이 바로 NFT 게임이다. 우선 NFT로 만들어진 재화의 거래 이력은 블록체인 장부에 모두 기록되고, 이들 재화의 거래는 게임사들이 자체적으로 만들어 놓은 NFT 거래소에서 이루어지므로, 더더욱 사기의 위험은 줄어들어 제로에 가까워진다. 그리고 게임 속 아이템들 대다수가 NFT화되고, 거래 과정이 안전하고 간편하기에 수백만 원을 넘어서는 고가의 아이템뿐 아니라 수천 원의 작은 아이템들도 활발하게 거래할 수 있는 환경이 만들어질 것이다. 그리고 아이템들을 현금화하는 과정을 통해 유저들은 게임에 돈을 쓰는 것뿐 아니라 돈을 벌 수도 있게 된다. 그래서 최근 등장한 용어가 바로 P2E(Play to Earn), 그러니까, 돈을 버는 게임이다.

유저들은 P2E 게임들을 통해 돈을 씀과 동시에 자신들의 노력에 대한 성과를 간편하게 현금화할 수조차 있으니, 게임 속 세계에 더욱 몰입하고 활발하게 참여할 동인을 얻게 된다. 그래서 각 게임사는 자신들의 모든 신작 게임에 NFT 기술을 도입하여, 게임 간의 아이템과 캐릭터 거래도 가능하도록 만들고, 하나의 거대한 블록체인 경제를 만들고자 하고 있다. 어느 한 게임의 NFT 체계에 익숙한 유저는 다른 게임사가 내놓은 신작에 눈 돌리지 않고, 기존의 게임사가 만든 새로운 게임을 택할 유인이 크다. 그래서 게임사들은 단순히 하나의 게임 개발이라는 차원에서 생각하지 않고 거대한 게임 경제 생태계를 구축한다는 비전을 갖고 게임을 내놓고 있다.

자체 화폐를 활용한 NFT 게임의 경우, 게임사의 과금력은 조금 떨어지지만 그 대신 게임사는 (1) NFT를 토큰으로 바꾸는 과정에서 거래 수수료를 얻고, (2) 자체 NFT 마켓을 통해 아이템 간의 거래가 일어날 때 수수료를 얻으며, (3) 유저들이 사용하는 암호화폐의 매각을 통해 유동화 수익을 누릴 수 있다. 실제로 많은 비난을 받기도 했지만, 위메이드는 자체 발행 코인 '위믹스'를 시장에 매각하여 얻은 현금으로 애니팡을 개발한 게임사 선데이토즈를 인수하기도 했다. 각 게임사는 이 같이 추가적인 세 개의 현금 흐름을 확보할 수 있으므로, 기존 게임을 NFT화하여 재출시함으로써 과금 요소를 완화할 수도 있고, 과금 요소를 줄인 NFT 신작 게임을 출시할 수도 있다. 컴투스는 작년에 출시한 '서머너즈: 백년 전쟁'을 NFT 버전으로 바꿔 2분기 중 재출시한다는 계획을 밝혔고, 엔씨소프트는 3분기 중 '리니지 W'에 NFT 기술을 적용하여 서구권에 출시한다고 밝혔다. 그리고 현재 대다수 게임사의 신작에는 이 NFT 기술이 도입될 예정이다.

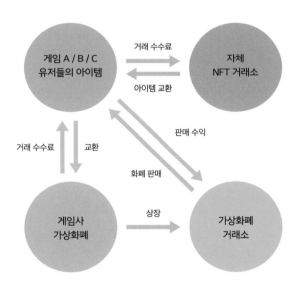

이 NFT 기술을 가장 먼저 도입한 것이 바로 위메이드의 '미르4'다. 이 게임에는 흑철이라는 아이템이 있다. 유저들은 퀘스트를 통해 흑철을 얻거나, 레벨 31을 넘어서게 되면 '비곡'이라는 광산에서 흑철을 채

굴할 수 있다. 흑철은 게임 속에서 필수적인 재화로 아이템의 재료로 쓰이거나, 장비를 강화하거나, 캐릭터의 등급을 높일 때 쓰인다. 이 흑철은 블록체인 기술이 적용된 드레이코 토큰으로 교환되어 가상화폐 지갑인 '위믹스월렛'으로 들어오게 되고 드레이코는 다시 위믹스 코인으로 교환되어, 유저들은 가상화폐 거래소를 통해 이 코인을 현금화할 수 있다. 위메이드는 드레이코가 위믹스로 교환될 때 0.9%의 수수료를 수취하고, 동시에 위믹스를 매도하여 유동화 수익도 누릴 수 있는 것이다. 또한, NFT화된 게임 아이템을 거래할 수 있는 NFT 거래 플랫폼을 가동해 이에 대한 5%의 거래 수수료를 받는다.

위메이드는 블록체인 RPG 게임의 선두주자라는 지위를 활용하여 자신들의 게임뿐만 아니라 엠게임, 조이시티 등 중소형 게임사들의 다양한 게임들을 자신들의 위믹스 생태계 속으로 편입하려는 노력을 이어가고 있다. 게임 시장에는 해마다 5만 개 이상의 게임이 출시되는데, 이들 중 일부만 위믹스 생태계 속으로 편입해도 얻을 수 있는 부가수익은 수천억 원을 넘어갈 것이다. 위메이드는 우선 올해 위믹스 플랫폼 내에 100개의 게임을 올릴 계획을 세웠고, 그중 80개 이상을 외부 게임으로 채울 거라고 한다. 컴투스는 'C2X', 카카오게임즈는 '보라', 넷마블은 'MBX'라는 자체 가상화폐를 각각 출시하여 그들만의 생태계를 확장하려 하고 있다.

그래서 위메이드를 시작으로 가장 먼저 컴투스가 발 빠르게 상반기 내 코인 상장과 거래소 개설 일정을 알렸고, 다른 리딩 업체들도 아래 표와 같이 NFT 트렌드에 동참하고 있다. 그러나 역설적이게도 코인 판매 대금과 거래 수수료라는 추가 수익을 쟁취하기 위한 가장 근본적인 요인은 게임의 흥행이다. 그 재화를 사용하는 사람이 많아야 재화의 가치가 올라가고, 거래도 빈번히 발생하는 것 아니겠는가. 그러나 P2E라는 요소에 매몰되어 게임의 매력도를 떨어뜨린다면 이는 오히려 안 하느니만 못한 결과를 초래할 수도 있다. 그 한 예로 P2E 게임의 선두주자 '크립토 키티'와 '액시 인피니티'의 경우 초반에 반짝 유행을 타다 유저 수가 급감하는 추이를 드러내고 있다. 무엇보다 '재미'가 없으니 유저들이 이탈하고, 유저들이 이탈하니 재화의 가치가 내려가고, 재화의 가치가 내려가니 신규 유저 유입이 줄어드는 악순환을 보이는 것이다. 그렇다, 무엇보다 중요한 것은 '재미'다. 스마일게이트는 그래서 '로스트아크'의 P2E 도입에 대해 회의적인 반응을 보였다. 그보다는 먼저 게임사의 본질인 좋은 게임을 선보이고, IP 경쟁력 확보를 위해 '로스트아크'와 '크로스파이어'의 글로벌 서비스에 진력하겠다고 밝힌 것도 그래서다.

정리해보자. 기존의 지나친 과금에 대한 비난을 상쇄시키고 새로운 수익원을 창출하기 위해 한국형 MMORPG P2E 게임이 대거 탄생할 것이다. 하지만 이러한 NFT 사업이 성공하기 위한 근본적인 조건은 커뮤니티 활성화이고, 게임회사 입장에서 커뮤니티 활성화는 본질적인 게임의 '재미'를 통해 이루어진다. 그렇기에 만약 재미의 요소를 확실히 갖춘 글로벌 MMORPG P2E 게임 개발에 성공한다면 이는 주가 상승의 강력한 모멘텀이 될 것이다. 무엇보다 먼저 이들 라인업 중 컴투스의 '서머너즈 워: 크로니클'과 넷마블의 'A3: 스틸 얼라이브', 엔씨소프트의 '리니지 W' NFT 버전에 주목할 필요가 있다. 이들이 '미르 4' 이후 첫 번째 한국형 P2E 게임의 주도 작품이며 이들의 흥행 여부를 통해 P2E 게임의 시장성을 가늠해볼 수 있을 테니까 말이다.

②

소셜 카지노

미국의 심리학자 프레더릭 스키너(Burrhus Frederic Skinner)는 쥐를 상자 안에 가두고 자극에 관한 조건화 행동을 연구했다. 쥐가 손잡이를 누르면 먹이가 나오도록 해놓은 다음, 각 조건을 달리해서 어느 조건에서 손잡이를 더 많이 누르는지를 실험했다. 처음엔 손잡이를 누르면 반드시 먹이가 나오게 했다가, 두 번째는 손잡이를 누르는 것과 관계없이 일정한 시간 간격으로 먹이를 주기도 했고, 세 번째로 손잡이를 누르는 것과 관계없이 불규칙한 간격으로 먹이를 나오게도 해봤다. 예상대로 쥐는 첫 번째 조건에서 가장 적게 손잡이를 눌렀다. 그러나 손잡이를 누르면 바로 먹이가 나오는 조건보다 세 번째 상황에서 손잡이를 훨씬 더 많이 눌렀다. 아니, 많이 누르는 정도가 아니라 온종일 손잡이만 누를 뿐, 아무것도 하지 않았다. 흡사 슬롯머신 앞에 앉은 도박 중독자의 모습과 같았다. 왜 이런 결과가 나타난 것일까?

우리의 뇌 속 도파민 시스템은 예측하지 못하는 보상에 더 강렬하게 자극받는 성격을 지니고 있기 때문이다. 혹시나 하는 기대감이 우리의 뇌를 마비시켜버리는 것이다. 애석하게도 유저들이 '확률형 아이템'에 돈을 쏟는 그 이유도 레어(rare) 아이템이 나올 수도 있다는 그 알량한 기대감 때문이다. 그들의 도파민 시스템은 이러한 확률들에 훨씬 더 강하게 자극받는 것이다. 그래서 게임업계는 일상을 탈피하여 즐거움을 주는 게임 본연의 역할에서 벗어나, 게임에다 도박의 원리를 적용하여 일상을 도외시하도록 만들었다는 도덕적 비난에 직면했다. 그러자 이런저런 단체들이 확률형 아이템의 확률 공개 여부 감시, 확률형 아이템 결과물에 대한 개별 확률 공개, 게임 내 구매화면에 확률정보 표시 등의 조치를 권고하기 시작했고, 2020년에는 실제 법안이 발의되기도 했다. 2021년 게임산업협회는 이에 반발해 다음과 같은 내용의 의견서를 내는 등, 진통이 이어지고 있다. 아무튼, 발의된 법안은 법안심사소위원회에서 계류 중인 상태다.

• 고급 사양 아이템을 일정 비율 미만으로 제한하는 등의 밸런스는 게임의 재미를 위한 가장 본질적 부분 중 하나다. 이는 상당한 비

용을 투자해 연구하며 사업자들이 비밀로 관리하는 대표적인 영업 비밀이다.

• 현재 확률형 아이템은 '변동 확률' 구조로 돼 있어 그 확률이 이용자의 게임 진행 상황에 따라 항상 변동되며, 개발자와 사업자도 확률을 정확히 알 수 없는 경우가 많다.

• 이용자마다 다르게 게임을 진행하는데, 현재 확률형 아이템은 이용자별 진행 상황에 따라 아이템 공급 확률이 달라지도록 설계되고 있으므로 확률을 공개하기가 어렵다.

이 같은 확률형 아이템에 대한 전방위적인 거부에서 벗어나기 위해 RPG 게임 업계가 할 수 있는 선택지는 앞서 살펴본 바와 같이 P2E 게임과 같은 신사업으로 수익원을 다변화하는 것이다. 그리고 두 번째는 도덕적 비난을 피할 수 있게 근본적으로 결이 다른 북미지역에서 큰 인기를 끌고 있는 카지노 게임 영역으로 진출하는 것이다. 실제 슬롯머신은 미국에서 야구, 영화 및 테마 파크를 합친 것보다 더 큰 수익률을 내고 있고, 다른 종류의 도박보다 4배 더 중독성이 높다. 즉, 본능적으로 불안정한 보상에 끌리는 사람의 심리를 강하게 자극하는 슬롯머신과 카드게임을 모바일 환경으로 옮긴 것이 바로 소셜 카지노 게임이다. 유저들이 실제로 이런 변동 확률을 즐기기 위해 게임에 직접 뛰어들기 때문에, 소셜 카지노 게임은 유료 결제 추구로 인한 도덕적 비난을 피할 수 있다는 장점이 있다.

슬롯머신의 원리를 적용한 모바일 게임 사업은 전 세계적으로 가파르게 성장하고 있다. 현재 미국 모바일 게임 매출 규모는 20억 달러 수준인데, 글로벌 시장조사기관 스태티스타(Statista)에 따르면 2022년 약 68억 달러 규모인 글로벌 소셜 카지노 게임 시장은 2026년까지 83억 달러로 성장할 것으로 예측된다. 미국은 소셜 카지노 게임에 대한 규제가 한국처럼 까다롭지 않고, 유저들의 반응도 호의적이다. 조사 기관 앱 애니(App Annie)에 따르면 미국 내 매출 상위 게임 50개 가운데 소셜 카지노는 28%를 점유하고 있다. 동시에 게임 중독에 관해서도 각 개인이 스스로 게임 시간을 조절할 수 있는 자율 규제를 적용하고 있다. 이들 게임의 주요 수입원은 게임 안에서 이용하는 코인 판매다.

이러한 소셜 카지노 사업영역에 가장 공을 들이고 있는 회사는 넷마블이다. 포트폴리오 확장의 차원에서 넷마블은 작년 8월 글로벌 3위 모바일 소셜 카지노 게임사인 스핀엑스 게임즈를 2조5,000억 원에 인수했다. 지분 100% 총액을 인수하여 스핀엑스가 넷마블의 연결 자회사로 편입됨에 따라, 해마다 1,000억 원가량의 영업이익이 추가로 생겨날 것으로 보인다. 넷마블의 관점에서는 이 인수를 통해 '세븐나이츠'로 대표되는 65%의 RPG 게임 의존도를 50% 이하로 내리고 안정적으로 추가 현금 흐름을 확보할 수 있게 되었다.

그런가 하면, 선데이토즈의 개발 자회사 플레이링스는 페이스북 플랫폼 중심의 소셜 카지노 게임 '슬롯 메이트'를 론칭했고, 곧이어 소셜 카지노 게임 개발사 플라이셔를 사들였다. 그런데 이 선데이토즈를 위메이드가 인수했기 때문에, 위메이드 또한 소셜 카지노 사업에 간접 진출한 셈이다. '피망' 시리즈로 유명한 보드게임의 강자 네오위즈 역시 강원랜드와 게임 콘텐트 공동 개발 협약을 체결하였고, 이를 기점으로 글로벌 소셜 카지노 게임 시장으로의 진출을 꾀하고 있다. NHN의 자회사 NHN 빅풋은 소셜 카지노 게임 '슬롯 마블'을 출시하여 글로벌 시장 공략에 나섰다. 중소 게임사 미투온은 증강현실 카지노 게임 'VR 카지노'와 '텍사스홀덤포커VR'을 출시하며 VR 소셜 카지노 사업의 선두주자가 되겠다는 계획을 밝혔다. 주요 사업영역 자체를 바꾼 것이다. 이러한 카지노 타입의 게임은 게임 머니를 실제 환전할 수 없어 엄연히 도박과는 결이 다르지만, 쉬운 접근성과 중독성, 불법 환전 가능성을 조장할 우려가 있어 정부가 엄격히 규제 중이다. 단적으로 모든 게임회사는 월 50만 원이 넘는 게임 머니를 유료로 판매할 수 없다.

소셜 카지노 게임의 주된 소비지역인 미국과 유럽에는 이 게임 머니를 현금으로 환전하는 것만 금지할 뿐, 그 밖의 다른 제재는 없다. 그러나 이 금단의 '환전' 영역도 NFT의 발전에 따라 흔들리고 있다. 게임 머니를 NFT 토큰으로 전환하는 것에 대해서는 아직 명확한 규제가 없고, NFT 토큰은 게임사가 아닌 인가받은 거래소의 주관으로 현금으로 환전된다. 이 경우 게임사가 게임 머니를 직접 환전해준 것은 아니기 때문에, 제도적 맹점이 발생하는 것이다. 이를 빌미로 다양한 형태의 새로운 카지노 게임 영역이 생겨날 것이고 사업 자체가 획기적으로 성장할 가능성이 있다. 현재 오프라인 카지노의 시장 규모 2,000억 달러를 훌쩍 넘어선다. 전체 게임 시장 규모와 비슷비슷하거나 이보다 조금 클 것으로 예상할 수 있다. P2E를 등에 업고 환금성의 영역까지 발을 담근 소셜 카지노 게임이 이들 시장의 10%만 가져와도 게임 산업의 본질 자체가 크게 바뀔 것이다. 우리는 그야말로 소셜 카지노발 대변혁을 목전에 두고 있는 셈이다. 그리고 그 중심에는 국내 기업 넷마블이 있다.

③

글로벌 공략에 속도 붙이기

　직관적으로 판단했을 때 기업이 성장하는 방식에는 세 가지가 있다. 그 첫 번째가 고가격 정책, 그러니까 높은 부가가치의 상품을 집중적으로 판매하여 마진율을 극대화하는 방법이다. 두 번째는 해당 사업 지역을 장악해 독점하는 방식이다. 그리고 세 번째는 자신들의 상품을 전 세계적으로 확장해 소비자와의 접점을 넓히는 것이다. 구체적인 예로 엔씨소프트를 들어볼까. 엔씨소프트는 영업이익의 80% 이상을 국내에서 벌어들이고 있었지만, 고과금 정책으로 유저들의 원성을 듣고 있다. 그러니까, 첫 번째와 두 번째 전략을 통해 현재의 거대기업으로 성장한 것이다. 기업의 목적은 성장에 있고, 엔씨소프트가 더 성장하기 위해서는 필연적으로 글로벌 시장을 공략할 수밖에 없다. 그래서 엔씨 소프트는 전사적 역량을 쏟아부어 서구권 진출에 힘을 쏟고 있다.

북미와 유럽지역의 국내 게임 침투율을 아직 10%에도 못 미친다. 동남아시아 지역의 경우는 중국 게임 기업의 침투율이 70% 이상이어서 국내 게임은 기를 못 펴고 있다. 그렇지만 중동과 인도 지역의 모바일 게임 산업 성장률은 연 10%를 훌쩍 넘어서고 있어, 우리 게임사들이 군침을 흘릴 만하다. 이에 더해 중국의 타국 게임 봉쇄 조치도 점차 개선될 전망을 보이는 중이다. 글로벌 시장에서 우리가 넓혀나갈 영토는 아직 무궁무진하다는 얘기다.

중국 판호 문제를 좀 더 자세히 짚어보자. 우리나라의 사드 배치에 따른 경제 보복으로 중국은 2017년 3월 이후 약 3년 9개월 동안 한국 게임에 대한 외자 판호를 단 한 건도 발급하지 않았었다. 그러다 2020년 12월 2일 컴투스의 '서머너즈 워'가 중국명 '마령소환(魔灵召唤)'으로 12월 2일 중국 국가신문출판서의 판호를 발급받은 것이다. 그리고 뒤이어 펄어비스의 '검은 사막 모바일'도 2021년 6월에 판호를 받게 되었다. 이 3년 9개월이란 암흑의 시기 동안 우리 게임사들은 IP를 수출하여 로열티를 올리는 식으로 간접 매출만을 올리고 있었다. 국내 기업들은 자신들이 가진 게임의 IP를 제공하는 대가로 중국 게임사들로부터 매출의 20%~30% 정도의 수수료를 받는다. 그렇게 보면 크래프

게임주 빅뱅

톤의 2대 주주가 텐센트라는 사실도 그리 놀라울 게 없다.

예컨대 '뮤 온라인'을 개발한 웹젠은 중국 개발사에 그 IP를 빌려주어 중국 내 흥행 게임 '전민기적'을 탄생시켰다. 또 크래프톤이 같은 방식으로 IP를 빌려줌으로써 텐센트가 개발한 '화평정영'은 중국의 국민 게임으로 자리 잡아, 그 로열티가 당사 매출의 70%를 넘어서기도 했다. 컴투스의 '서머너즈 워'는 2014년 당시 중국 애플 IOS 마켓에 출시하여 지금까지 운영해왔다. 구글 앱스토어 위주로 사용하는 세계 다른 나라와 달리 중국은 360, 바이두와 같은 수많은 안드로이드 기반 앱 마켓이 있고, 애플보다 안드로이드 폰을 사용하는 유저가 훨씬 많다. 이에 더해 '서머너즈 워'의 불법 안드로이드 버전이 유통되면서 정품 버전보다 더 활발하게 운영되는 바람에, 게임의 높은 인기에도 불구하고 컴투스는 중국 내에서 수익을 낼 수가 없었다. 그래서 '서머너즈 워'의 중국 매출 비중은 고작 3~4%대에 불과했다. 그러던 '서머너즈 워'가 2020년 판호 발급을 받게 된 것이고, 이를 기반으로 중국 내 안드로이드 시장을 새롭게 공략하여 중국 내 매출 비중을 끌어올릴 수 있게 될 전망이다.

또한, 후속 주자로 판호를 받은 펄어비스의 '검은 사막 모바일'은 어떤가. 비공개 베타 테스트(CBT; Closed Beta Test)를 마치고 2분기 내 중국 출시 예정이며, 서비스는 텐센트와 아이드림스카이가 공동으로 맡는다. 덧붙여 개발에 많은 공을 들인 '도깨비'라는 새로운 IP 게임 출시도 앞두고 있다. 여러모로 호재가 많은 상황이다. 중국 내 최대 게임 사이트인 '17173'은 2001년부터 '게임 플레이어 어워드'라는 상을 주최하고 있다. 중국 최대 규모의 게임 시상식이다. 올해의 게임 IP, 최고 기대 게임 등 10개 부문에서 다양한 게임을 선정하는데, 이용자들이 뽑은 가장 기대되는 게임으로 이례적으로 한국 게임인 '검은 사막 모바일'이 꼽혔다. 그리고 '도깨비'는 17173 에디터가 뽑은 '가장 기대되는 글로벌 게임'에 선정되었다. 두 가지 IP에서 모두 흥행 기대감이 한창 고조되고 있다는 뜻이다. 펄어비스의 2021년도 영업이익은 430억 원으로 전년보다 72.6% 감소했다. 이에 따라 주가도 상승분을 대부분 반납한 상태다. 일각에서는 '검은 사막 모바일'의 중국 매출을 일 35억 원가량으로 추산하고 있는데, 이는 '오딘 : 발할라 라이징'의 일 매출 추정액의 두 배 수준이다. '검은 사막'의 과금력으로 중국 시장에서 2분기부터 벌어들일 수익은 펄어비스를 3N(넷마블, 엔씨, 넥슨)에 버금가는 게임 대기업으로 한 단계 더 도약시킬 것이다.

결론적으로 중국의 판호 발급 이슈는 아직 시기를 두고 지켜보아야 할 문제지만, 판호 발급이 다시 본격적으로 재개되는 시그널을 보인다면 산업의 파이 자체가 비약적으로 커질 것이며, 이로 인해 게임주가 주도주의 자리를 차지하는 현상은 가속화될 전망이다. 한마디로 글로벌 관점에서 국내 게임 산업은 여전히 성장기라고 판단할 수 있다.

모바일 게임다운로드 및 매출 상위 국가				
순위	다운로드		매출	
	국가명	다운로드(회)	국가명	매출액(달러)
1	인도	90억	미국	238억
2	미국	46억	일본	175억
3	브라질	43억	중국	147억
4	인도네시아	29억	대한민국	55억
5	러시아	26억	대만	25억

애플 앱스토어와 구글 플레이 기준   출처: 센서타워

　위의 표를 한번 보자. 모든 수치는 애플 앱스토어와 구글 플레이 스토어 기준이다. 여기서 중국은 매출 3위이지만, 써드 파티 앱의 매출을 합치면 314억 달러로 압도적 1위가 된다. 그리고 이 표에서 알 수 있듯이, 인구 2위 대국 인도의 모바일 게임 다운로드 수는 2021년 수준 세계 최고다. 그런데 게임 다운로드 수는 1위이지만, 매출은 순위권에도 들지 못한다. 왜 그럴까? 게임을 즐기는 사람의 수는 비약적으로 증가해왔지만, 소득 수준이 너무 낮아 게임에 과금을 하지 않는다는 이야기다. 그럼에도 인도의 경제 성장률이 매년 10% 수준에 육박하고 있어서, 게임 산업에 대한 전망은 다른 분야보다 밝다고 할 수 있다. 이 때문에 크래프톤은 미리미리 인도 현지 법인을 개설하고 해당 지역의 스타트업들을 인수하는 등, 인도 시장에 누구보다 적극적인 자세를 취

하고 있다. 그리고 국내 게임업계의 미국 진출은 이제 시작이며, 중국 시장은 판호 발급을 시작으로 직진출이 가능해져 막대한 영업이익을 벌어줄 것이다.

동남아 지역의 모바일 게임 시장규모는 해마다 10% 이상 꾸준히 상승하고 있다. 마치 2010년대 초중반 우리의 모습과도 같다. 현재 동남아 지역 게임 상위 매출 모바일 게임은 중국이 장악하고 있지만, 넥슨과 크래프톤, 위메이드 등 국내 기업도 선전하고 있는 모습이다. 특히 작년 9월부터 위메이드의 '미르4'가 꾸준히 매출 상위권을 차지하고 있다. 동남아 지역은 특히나 P2E 게임에 개방적이라고 알려져 있다. 가령 '액시 인피니티(Axie Infinity)'라는 흥행 P2E 게임의 개발사는 베트남이며, 인도네시아에서는 이 게임으로 실제 1년에 60~70만 원의 돈을 벌어들이는 20대 대학생들이 상당히 많다고 한다. 선진국이라면야 투입되는 시간과 노력에 비해 결코 큰 금액이 아니겠지만, 월평균 노동 임금이 30만 원 수준인 동남아시아 지역에서는 말할 것도 없이 누구에게나 매력적인 경제적 유인이라고 할 수 있다.

그리하여 P2E에 개방적인 데다 가파른 성장성까지 보이는 동남아시아 지역은 국내 게임사들이 공략해야 할 주요 거점으로 인식된다. 특히 인도네시아의 인구는 2억7,600만 명 이상으로 세계 4위에 해당한다. 이 정도의 인구임에 비해서 현지 게임 개발 수준은 국내 게임사의 10년 전 수준에 머물고 있다. 이런 인도네시아 시장의 가능성을 믿고 막대한 자본을 가진 중국 업체들이 일찍이 인도네시아에 진출해 시장을 장악한 것이다. 태국은 어떨까. 인도네시아보다 인구는 작지만, 태국 사람들은 게임에 열광하고 깊게 몰입하는 특징이 있다. 시장 성장으로 본다면 매년 15% 넘게 고속 성장하고 있는 몇 안 되는 나라 중 하나다. 또 말레이시아는 일인당 국민총소득이 1,300만 원 수준으로 동남아시아에서는 가장 높다. 그래서 상류계층을 중심으로 유료 결제가 빈번히 일어나며 연평균 결제액이 3만 원을 웃도는 등, 영업 효율이 좋은 나라로 꼽힌다. 필리핀은 MZ세대 위주로 시장이 급속도로 커지고 있으며 상대적으로 '뮤', '검은 사막' 등의 한국 게임들이 선전하고 있는 지역으로 꼽힌다. 이처럼 중국의 대안 시장으로서 동남아시아 지역이 지닌 가치는 급속도로 올라가고 있다.

그중에서도 특히 국내 게임사 그라비티가 나스닥에 시총 4,000억 원 규모로 상장되어 있는데 이들의 대표 IP '라그나로크'가 유독 동남아 지역에서 선풍적인 인기를 누리고 있다. 2017년 출시한 '라그나로크M'은 전 세계 122개국에서 서비스 중이며 누적 다운로드는 3,600만 건을 넘어섰다. 그리고 지난해 10월 대만, 홍콩과 동남아시아 지역에서 먼저 론칭한 '라그나로크X'도 태국, 인도네시아, 필리핀, 대만, 홍콩 앱 마켓에서 즉시 매출 1위를 기록하며 '라그나로크' IP의 저력을 보여주었다. 그리고 올해 국내를 포함하여 론칭 지역을 차차 확대할 예정이다. 2021년 매출과 영업이익이 각각 4,140억 원과 970억 원이지만 시가총액은 4,000억 원 선을 그대로 유지하고 있다. 나스닥에 상장했으니 해외 주식이긴 하지만, 아무튼 '그라비티'의 투자 매력도도 상당히 높은 편이라 하겠다. 동남아 지역은 국내 게임 수출 전체 실적에서 차지하는 비중이 약 20% 정도로, 12% 수준의 북미지역보다 크고 성장 속도 또한 가파르다. 그래서 앞으로 이 동남아시아 지역을 장악하는 기업이 게임 체인저가 될 가능성이 농후하다.

앞서 언급했듯이, 크래프톤은 동남아시아 지역 외에도 아무나 섣불리 진입하지 못했던 인도 시장과 중동 시장 개척에 주력하는 분위기다. PC게임 '배틀그라운드'는 2020년 인도 시장 출시 후 매출 순위 1위, 누적 다운로드 수 2억7,000만 건을 돌파했고, 중동 및 북아프리카 지역에서는 16개국 중 15개 나라에서 매출 순위 1위를 달성하며 2억 5,000만 건의 다운로드를 기록했다. 이후 2021년 인도 시장 맞춤형으로 출시한 '배틀그라운드 모바일 인도'는 출시 일주일 만에 누적 이용자 수 3,400만 명, 최대 동시접속자 수 240만 명을 기록하며 성공적으로 인도 시장에 안착했다.

컨설팅사 레드시어(Redseer Strategy Consultants)의 자료에 따르면 인도 모바일 게임 시장은 2021년 18억 달러에서 2025년 70억 달러 이상으로 약 4배 가까이 성장할 전망이라고 한다. 또 전체 게임 이용자 수는

2020년 4억 명에서 2025년 6억5,000만~7억 명으로 증가할 것으로 예상했으며, 유료 이용자 기반은 2020년 8,000만 명에서 2025년 약 2억 3,500만 명으로 증가할 것으로 봤다. 크래프톤은 2020년 본격적으로 인도 법인을 설립하여 중국에서 그랬던 것처럼 인도 게임 시장을 초기 선점하려는 노력을 기하고 있다. 이 외에도 인도 현지 게임 개발사 노틸러스 모바일, E-스포츠 기업 노드윈 게이밍, 소셜 앱 프렌드 같은 데 투자하는 등, 유독 인도 시장에 공을 들이고 있다. 최근엔 인도 내 배틀그라운드 E-스포츠 대회를 직접 주최하기도 했다. 그뿐 아니라 중동의 모바일 게임 퍼블리셔인 테마텀 게임즈에 투자하면서, 중동 지역 개발에도 힘을 쏟고 있다. 다양한 기업들을 인수하여 개발되지 않은 시장 자체를 자신의 쪽으로 가져오려는 시도를 하고 있는 것이다. 기존에 없던 '배틀 로얄(Battle Royale)' FPS 게임으로 세계를 뒤흔들었듯이, 크래프톤은 아무도 걸어가지 않은 길을 또 한 번 걸어가려고 하는 것이다. '배틀그라운드'의 중국 로열티가 매출 총액에서 차지하는 비중이 60%에 육박하고 있던 상황에서 이를 해소하기 위한 시도이자 새로운 성장 동력을 찾기 위한 몸부림이기도 하다. 아무도 쉽사리 예측할 수 없는 새로운 이 시장, 앞으로 크래프톤이 여기서 올릴 성과를 기대해도 좋을 것이다.

이처럼 국내 게임 기업들은 높은 성장성을 보여주는 중국 외 다른 나라들에도 적극적으로 진출하고 있다. '리니지'가 국민 게임으로서 매출의 상당 부분을 국내에서 올리는 것처럼, 다양한 시도들 가운데 어느 한 게임이 어느 한 나라에서 국민 게임으로 부상한다면 향후 5년간의 매출은 양적으로 질적으로 크게 성장할 것이다. 게임이란 것이 으레 그렇듯 완전히 끊는 게 어렵고, 국민 게임이 된다면 네트워크 효과까지 발생하여 그 생명 또한 더욱 길게 연장된다. 그래서 앞으로 우리는 이 같은 중국의 대안 지역으로서 동남아시아 지역 및 인도 시장에서의 활약을 주의 깊게 살펴볼 필요가 있다.

4

새로운 플랫폼 공략 - 콘솔 및 스팀

　이 네 번째 전략은 사실 글로벌 전략의 일환이라고도 볼 수 있다. 왜냐하면, 이 두 가지 플랫폼을 활용하여 게임을 많이 하는 시장이 바로 북미지역이기 때문이다. 먼저 콘솔은 마이크로소프트의 'XBOX'와 소니의 '플레이스테이션', 닌텐도 등 전용기기를 활용하여 게임을 하는 방식을 말하는데, 북미지역에는 퇴근 후 느긋이 소파에 앉아 이러한 기기들로 게임을 즐기는 특유의 문화가 있다. 한국 콘텐트 진흥원의 '대한민국 게임 백서'에 따르면 2020년 전 세계 콘솔 게임 시장의 규모는 558억2,600만 달러로, 전체 게임 산업의 26.6%를 차지한다. 우리나라 게임 산업에서는 콘솔 게임의 비중이 기껏해야 약 5%에 머무르고 있지만, 북미와 유럽의 경우엔 40%에 육박하며 절대적인 영향력을 과시한다. 전체 산업의 4분의 1에 달하는 이 거대한 게임 영역을 우리는 그동안 놓치고 있었지만, 2022년을 기점으로 이들 콘솔 게임에 대한 공략이 시작되고 있다.

 2020년도 북미 콘솔 게임 판매량 순위 (자료; 대한민국 게임 백서 2021)

(단위: 억 원)

순위	타이틀	퍼블리셔
1	콜 오브 듀티: 블랙 옵스 콜드 워	엑티비전 블리자드
2	콜 오브 튜티: 모던 워페어	엑티비전 블리자드
3	모여봐요 동물의 숲*	닌텐도
4	매든 NFL 21	일렉트로닉 아츠
5	어쌔신 크리드: 발할라	유비소프트
6	더 라스트 오브 어스 파트 2	소니
7	코스트 오브 쓰시마	소니
8	마리오 카트 8: 디럭스*	닌텐도
9	슈퍼 마리오 3D 올스타즈*	닌텐도
10	파이널 판타지 7 리메이크	스퀘어 에닉스
11	마블 어벤저스	스퀘어 에닉스
12	마블 스파이더맨: 마일즈 모랄레스	소니
13	NBA 2K21*	테이크 투 인터랙티브
14	슈퍼 스매시브라더스 얼티밋*	닌텐도
15	피파 21	일렉트로닉 아츠
16	모탈 컴뱃 11	워너 브라더스 인터랙티브 엔터테인먼트
17	드래곤볼 Z: 카카로트	반다이남코 엔터테인먼트
18	MLB 더 쇼 20	소니
19	사이버펑크 2077*	워너 브라더스 인터랙티브 엔터테인먼트
20	토니 호크의 프로 스케이터 1+2	엑티비전 블리자드

출처: VentureBeat(https://venturebeat.com/2021/01/15/npd-reveals-the-best-seling-games-of-2020-in-the-u-s/)

위 표에서 볼 수 있는 것처럼, 콘솔 게임 상위권 제작사는 대부분 액티비전 블리저드, EA, 소니, 닌텐도, 반다이 남코, 번지 등 미국과 일본 기업들이 차지하고 있다. 그리고 최근 마이크로소프는 82조 원에 블리저드를 인수했다. 자사의 콘솔 플랫폼인 'XBOX'의 경쟁력을 강화하기 위한 전략이었다. 뒤이어 소니는 그에 대한 대응책으로 '헤일로' 시리즈를 만든 번지를 인수했다. 이렇듯 세계 시장에 상당 부분을 차지하는 콘솔 플랫폼에 국내 게임이 없다는 것은, 거꾸로 말하면, 국내 게임 산업에 큰 기회의 땅이 될 수도 있다는 얘기도 된다.

콘솔 게임에는 어떤 특징들이 있을까? 우선 첫째로 꼽을 수 있는 특징은 3만~8만 원에 달하는 게임 패키지를 구매하는 초기의 지출 외에는 추가 과금이 없다는 점이다. 두 번째, 수십만의 게임 유저들이 한 번에 접속하여 역할을 수행하는 한국형 MMORPG 게임과 달리, '선택적 온라인 환경'을 조성해 게임 구동 환경을 원활하게 유지한다는 것이 특징이다. 세 번째, 이 원활한 게임 환경과 기기의 성능을 최대한 활용하여 최상의 그래픽과 완결된 스토리텔링을 보유한 AAA급 게임들이 주로 흥행을 거둔다는 특징도 있다. 즉, 수십만 명이 모바일 환경에 동시 접속할 것을 예상해 게임의 사양을 낮춰놓는 국내 모바일 게임과 달리, 콘솔 게임은 최고사양의 기기와 '선택적 온라인 환경'을 최대한 활용하여 플레이하는 AAA급 게임 위주로 시장이 편성되고 있다. 콘솔 게임은 개발비가 많이 소요되고 기존 제작사들이 과점하고 있는 구조이다 보니, 국내 게임사들은 사실 이 영역에의 진입을 꺼려왔다. 그러나 2022년부터는 콘솔 게임 플랫폼으로의 진출 시도가 본격적으로 가속화되고 있다.

먼저 '로스트아크'와 '크로스파이어' IP를 보유한 스마일게이트가 XBOX용 '크로스파이어 X'를 출시했다. 북미지역 게임 유저들은 게임의 스토리텔링을 중요시하는 경향이 있는데, 스마일게이트는 이런 취향에 맞춰 맥락 없이 대전을 펼치는 한국형 FPS에서 벗어나 스토리텔링을 보강했다. 그러기 위해 '앨런 웨이크', '맥스 페인' 등 탄탄한 스토리텔링 역량을 가진 핀란드 개발사 레미디 엔터테인먼트(Remedy Entertainment)와 공동 개발하는 방식을 택했다. 레미디와의 협업 자체가 서구권 유저들 사이에 자사의 IP를 알리는 데 큰 몫을 했다. 그런데도 유저들의 반응은 그다지 좋지 않았다. XBOX 매출 순위권 진입에 실패하며 흥행하지 못한 것이다. 그러나, 시도 자체는 분명 의의가 있다고 할 수 있다.

엔씨소프트는 '리니지' IP를 콘솔 게임화한 '프로젝트 TL'을 하반기 중 출시할 예정이다. 그리고 넥슨 역시 '카트라이더 : 드리프트' 콘솔 게임을 2분기 중 출시할 예정이다. 지난해 말 3차 글로벌 베타 테스트에서 외신들의 호평을 받았고, 엑스박스와 플레이스테이션 모두에서 이용할 수 있다. 동시에 '던전 앤 파이터' IP를 기반으로 한 콘솔 게임 '던파 듀얼'도 올해 출시를 목표로 준비 중이다. 언제나 그랬던 것처럼, 넥슨이 국내 최초의 콘솔 공략에 성공함으로써 그들이 가진 선구자 DNA를 보여줄지, 기대에 찬 눈길이 쏠리고 있다. 또한, 펄어비스도 후속작인 '붉은 사막'을 콘솔 버전으로 내겠다고 발표한 상황이다.

위에서 예로 든 게임사들은 모두 흥행력 있는 자체 IP를 콘솔 버전으로 재해석하여 북미/유럽지역을 공략하는 방식이었지만, 크래프톤은 다른 방법을 택했다. 막대한 공모자금을 활용하여 캘리포니아에 콘솔 게임 스튜디오를 설립하고 아예 해외 최고 개발진들에게 개발 전반을 맡기는 전략을 채택한 것이다. 크래프톤의 스트라이킹 디스턴스 스튜디오(Striking Distance Studios)는 그렇게 탄생했다. 크래프톤은 넥슨, 엔씨소프트에 비해서 업력이 상대적으로 길지 않기 때문에 '배틀그라운드'를 제외하고는 활용할 IP가 없고, '배틀그라운드'에 대한 피로도가 가중된 상황에서 구태여 이를 콘솔 버전으로 내놓을 이유가 없다고 판단했다. 게다가 무엇보다 흥행에 실패한 자체 RPG 게임 '테라'의 콘솔 버전을 출시하여 내놓았다가 뼈아픈 실패를 겪은 경험이 있다. 그렇기에 더더욱 안전하고 확실한 방법을 택한 것이다.

크래프톤이 공들여 영입한 글렌 스코필드는 '데드 스페이스', '콜 오브 듀티' 등의 게임 개발을 지휘한 업계 최고의 인력 중 한 명이다. 지금 스코필드는 크래프톤의 자회사가 된 스트라이킹 디스턴스의

CEO를 맡고 있으며, 그의 지휘하에 내놓을 신작이 바로 '칼리스토 프로토콜(The Callisto Protocol)'이다. 칼리스토 프로토콜은 목성의 한 위성인 칼리스토에서 벌어지는 공상과학 공포 게임으로 개발진들의 대다수가 '데드 스페이스'의 개발진이어서, 유저들은 이들 시리즈와 같은 압도적인 공포감을 맛볼 수 있을 것으로 기대하고 있다.

그리고 넥슨도 또 한 번 사업 감각을 발휘해, 자체 개발 콘솔 게임을 출시하는 동시에 콘솔 개발사를 인수하는 방식을 택했다. 넥슨이 인수한 엠바크 스튜디오의 CEO 패트릭 쇠더룬드(Patrick Söderlund)는 '배틀필드'의 개발 전반을 지휘한 최상위급 인력으로 '아크 레이더스'는 미지의 행성을 배경으로 로봇 형태의 적과 전투를 벌이는 게임이다. 넥슨의 북미 및 유럽지역 매출은 7%로 매우 작은 편이다. '아크 레이더스'와 '칼리스토 프로토콜'은 국내 게임사들이 해외 최상위 스튜디오를 통해 콘솔 시장에 내놓은 첫 번째 작품이다. 그리고 무엇보다 이들 모두가 신규 IP라는 점은 대단히 의미심장한 일이다. 그래서 이 둘 중 어느 하나라도 글로벌 시장에서 흥행한다면, 프랜차이즈 시리즈로 잇달아 출시되면서 기업의 핵심 수익원이 될 수 있다.

넥슨의 '던전 앤 파이터'는 중국 내 인기 덕분에 전 세계 단일 게임 누적 매출 1위를 기록했다. 단일 게임 외에 '던파'의 매출을 뛰어넘는 프랜차이즈까지 포함한다면, '포켓몬', '마리오', '콜 오브 듀티', '위', '팩맨', '스페이스 인베이더'의 뒤를 이어 7위에 랭크된다. 이것은 '워크래프트', '피파', 'GTA', '리그 오브 레전드'보다도 높은 순위다. 그 중 '콜 오브 듀티'는 2009년 등장한 이후 18개의 타이틀을 출시해 누적 매출 21조 원을 넘어섰다. 이런 게임을 만든 핵심 개발자가 크래프톤 자회사에서 올해 신작을 내놓는다는 사실 자체로도 충분히 의미가 있지만, 결국 투자를 좌우하는 척도는 실적이다. 보통 AAA급 비디오 게임 신작의 흥행 여부를 점치는 기준점으로 1,000만 장을 이야기한다. 이 정도 매출을 통해 얻을 수 있는 영업이익은 약 3,000억 원 수준이다. 크래프톤의 2021년 영업이익이 약 6,000억 원, 넥슨이 약 1조 원 수준임을 고려하면, 그 경제적 가치가 결코 만만치 않다. 만약 이들이 흥행에 성공한다면 주가 상승의 모멘텀으로 충분할 것이다. 그리고 무엇보다 넥슨은 이 외에도 콘솔 게임에서 2개의 신작이 더 있고, '던파 모바일'의 중국 출시라는 역대급 모멘텀이 있다. 넥슨 재팬은 올해 최고의 한해를 맞게 될 것이며 사상 최대의 실적을 달성할 것이 기정사실화되고 있다. 넥슨 재팬의 선전을 계기로 낙수효과처럼 국내 게임사들의 재평가가 이어질 가능성도 얼마든지 있다.

2001년 5월 엔씨소프트는 세계 3대 RPG 시리즈 중 하나인 '울티마(Ultima Online)'를 제작한 리처드 개리엇(Richard Garriott)을 영입한다. 그러나 그가 만들어 2007년 11월 정식 출시한 '타뷸라 라사(Tabula Rasa)'는 커다란 실패를 맛보고 만다. 개발비는 1,000억 원이 넘게 들어갔고, 그 시작도 포부도 거창했다. '리니지'를 뛰어넘는 글로벌 히트 대작을 만들겠다는 큰 꿈이었다. 그럼에도 '타뷸라 라사'는 처참하게 실패했다. 스타급 개발자가 출시하는 게임이 반드시 최고 홍행을 약속하는 것은 아님을 보여준 사례로 오랫동안 게임업계에서 회자되었다. 올해 출시될 6개의 게임은 국내 기업이 출시한 첫 AAA급 콘솔 대작이라는 점에서 의의가 있지만, 그 홍행 여부는 어느 누구도 예단할 수 없다. 그렇긴 하지만 콘솔 시장의 개척은 곧 북미, 유럽지역으로의 글로벌 진출 확대를 뜻하기 때문에, 국내 게임 산업에 가져다줄 부가가치는 적지 않다. 그래서 이들 모멘텀을 지켜보되 사전 예약, CBT 결과 등 구체적인 결과물들이 확인될 때 투자할 것을 권하고 싶다.

☑ 스팀, 세계 최대의 디지털 관리 멀티플레이어 게임 플랫폼

스팀은 밸브 코퍼레이션(Valve Corporation)에서 개발한 세계 최대 규모의 PC 게임 소프트웨어 유통망이다. '카운터스트라이크'의 개발사인 밸브에서 만든 이 서비스는 원래 '카운터스트라이크'의 업데이트 문제를 자동으로 해결하고, 인터넷만 연결되어 있다면 어디서든 '하프라이프', '카운터스트라이크' 등의 자사 게임을 실행할 수 있도록 만들려고 시작했다. 간단하게 말해서 '카운터스트라이크'의 인기가 치솟으면서 그 추가 설치 프로그램 사용률이 높아지자, 자사의 다른 게임에도 이용할 수 있게 확장된 것이다. 바로 그런 형태가 스팀이라는 PC게임 플랫폼의 초안이자 프로토타입이 된 것이다. 북미와 유럽지역의 PC게임 가운데 60% 이상은 바로 이 스팀이라는 플랫폼을 통해서 이루어진다.

활성 계정 수만도 10억 개가 넘고, 최고 동시접속자 수는 1,880만 명, 월평균 사용자 수는 9,000만 명에 육박한다. 지금은 세계 각국의 소규모 개발팀에서 만든 인디 게임에서부터 대규모 게임 개발사의 AAA급 게임에 이르기까지 모두 스팀에서 판매되고 있다. 북미에서 자체 유통 채널을 활용하는 블리저드 엔터테인먼트를 제외하면, 패키지 게임을 판매하는 웬만한 기업들은 스팀에서도 게임을 판매 중이라고 봐도 될 것이다.

이 '스팀'이라는 플랫폼에 국내 기업 최초로 도전해 최고의 위치로 올려놓은 사람이 바로 '배틀그라운드'를 개발한 현 크래프톤 대표 김창한 PD다. 우리나라에서 '배틀 로얄' FPS 장르는 생소했기 때문에, 이 장르에 높은 관심을 지닌 북미지역 유저들부터 먼저 공략하겠다는 일념으로 김창한 PD는 '배틀그라운드'의 스팀 출시를 회사에 제안했다. 그때까지만 해도 국내 게임사들은 스팀에 대한 인식 수준이 높지 않았다. 그렇게 실험적으로 출시한 '배틀그라운드'는 동시접속자 수 300만 명으로 스팀 역사상 최다 기록을 세우며 글로벌 흥행에 크게 성공했다. 그리고 스팀 플랫폼에서 일으킨 국내 기업의 흥행 돌풍은 여기가 끝이 아니었다.

스마일게이트의 MMORPG 게임 '로스트아크'가 2월 11일 스팀을 통해 출시되어, 동시접속자 수 132만 명을 돌파하면서 역대 2위의 대기록을 달성한 것이다. '로스트아크'의 글로벌 이용자 수는 대략 3주 만에 2,000만 명을 넘어섰고, 특히 놀라운 건 북미와 유럽 등 서구권 시장에서만 1,000만 명 이상의 신규 가입자를 확보했다는 사실이다. 게임성에 있어서도 호평이 잇따른다. 음반, 게임, 영화, TV 프로그램 등의 리뷰를 수집하는 웹사이트 메타크리틱(Metacritic)에서 세계 게임 평론가들의 리뷰를 집계해 게시하는 '메타스코어(Metascores)'에 의하면, '로스트아크'의 평점은 81점으로 역대 한국의 모든 MMORPG 게임을 통틀어 최고 성적이었다. 또 스팀 내부 이용자들이 올린 8,000개 이상의 리뷰 가운데 96% 이상이 긍정적 평가였고, 스팀 이용자 평가 중 가장 높은 '압도적으로 긍정적' 비율을 자랑하기도 했다. 그러니까 전문가와 유저 양측에서 호평을 받았다는 얘기다.

서구 지역에서 유행하는 FPS 장르가 아닌 MMORPG를 통해 이러한 매출을 올렸다는 것은 그 역사적 의미가 깊다. 한국형 RPG 게임의 흥행성을 스스로 증명해낸 것이다. 게임사들은 스팀 플랫폼에서 패키지 매출과 부분 유료라는 두 가지 방식으로 수익을 올릴 수 있는데, '로스트아크'의 스팀 버전은 과금 요소를 대폭 줄여 출시되었다. 게임성을 통해 유저들의 호응을 얻고 이용자 수를 대거 확보함으로써, 게임사 입장에서 수익도 동시에 챙기는 이상적인 모델을 보여준 것이다. 이는 엔씨소프트와 펄어비스 등 서구권 지역으로 IP 확장을 꾀하고 있는 기업들에게 반가운 소식이기도 하다. 그리고 무엇보다 '로스트아크'

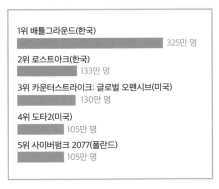

1위 배틀그라운드(한국)
325만 명

2위 로스트아크(한국)
133만 명

3위 카운터스트라이크: 글로벌 오펜시브(미국)
130만 명

4위 도타2(미국)
105만 명

5위 사이버펑크 2077(폴란드)
105만 명

○ 스팀에서 동시 이용자 100만 명을 돌파한 게임 (자료; 스팀)

의 개발사 스마일게이트 RPG 는 연내 상장을 계획하고 있으며, 이에 대한 관심을 통해 게임주의 수급도 개선될 것으로 전망된다.

그러나 한 가지 유의해야 할 점이 있다 밸브 코퍼레이션의 CEO가 '게임성' 자체에 대한 뚜렷한 소신을 지니고 있어, 얼마 전 NFT가 적용된 게임을 자사 플랫폼에 등록하지 못한다는 규정을 확립했다는 사실이다. 그래서 앞으로 출시될 거의 모든 MMORPG 게임을 NFT화하기로 결정한 국내 게임사들에는 이것이 제약 요인으로 작용할 것이다. 엔씨소프트의 홍원준 CFO는 이렇게 밝힌 바 있다. "플랫폼 측면에서 우리는 스팀의 영향력을 인정하고 있다. 서구권에 진출할 때는 스팀을 통한 진출을 적극 검토할 예정이다." 스팀이라는 플랫폼은 포기하기에는 너무 큰 시장이다. 그래서 아마도 '프로젝트 TL'의 경우는 타 신작과 달리 NFT 요소를 배제하고 스팀과 콘솔 양 플랫폼을 통해 동시 출시될 것이라 예상된다. 이 외에도 '데카론' 시리즈를 개발한 썸에이지는 '서든어택' 개발자 백승훈 대표를 앞세운 자회사 로얄크로우를 통해 '크로우즈'라는 스팀 공략용 FPS 게임을 출시한다.

얼마 전 썸에이지는 로얄크로우의 주식 일부를 텐센트에 양도하는 계약을 맺어 텐센트가 로얄크로우의 최대 주주로 등극했고, 썸에이지는 2대 주주로 물러났다. 또한, '크로우즈'에 대한 평단의 반응은 엇갈리고 있다. 하지만 '배틀그라운드' 역시 테스트 단계에서는 내부 직원들의 평가가 좋지 않았다는 점을 고려하면, 아직 결과를 예단하기엔 이르다. 텐센트가 로얄크로우의 대주주로 등극한 만큼, 스팀의 흥행에 실패하더라도 모바일 버전으로 이 IP를 중국 시장에 재출시하는 등의 작업을 통해 시장을 확보할 가능성이 크다. 비록 지분율은 낮아졌지만, 썸에이지의 경우 '크로우즈'의 한국 및 글로벌 퍼블리싱 사업권을 그대로 가지고 있어 이 게임에 자신들의 운명이 달려있다. 그럼에도 썸에이지는 4년 연속 영업적자를 기록하고 있고 관리종목에 속해있다. 아직은 '크로우즈'의 시장성이 증명되지 않았으므로, 거시적인 흐름에서 시기를 지켜볼 것을 추천한다.

간단히 정리해보자. 서구권 PC게임 진출을 위해서 스팀 플랫폼은 선택이 아닌 필수가 되었다. 스팀은 '배틀그라운드' 글로벌 열풍을 탄생시킨 주역이자, '로스트아크'의 시장성을 증명해준 장이기도 하다. 스팀 내부 규정으로 NFT 게임의 론칭을 금하고 있긴 하지만, 적정 수준으로 타협하는 선에서 국내 MMORPG 게임의 스팀 공략은 이어질 것이다. 아직 상장사 가운데 크래프톤 외에는 스팀을 통해 유의미한 매출을 거둔 기업이 없다. 따라서 이들이 스팀 공략에 성공할 경우, 게임주들은 추가 성장 동력을 얻게 될 것이다. 게다가 '로스트아크'가 글로벌 슈퍼 흥행을 이어가고 있으므로, 스마일게이트 RPG의 연내 상장은 유력해졌다. 여기에다 넥슨의 영업이익 폭증에 겹쳐 게임주 전반의 재평가가 연내에 이루어질 가능성이 짙다.

종합 콘텐트 기업으로의 도약

　게임을 이루는 가장 기본적인 요소는 그래픽이다. 개발자가 기획한 게임성도 물론 중요하지만, 그것 역시 콘셉트에 걸맞은 그래픽을 통해서 표현된다. 또한, 각각의 게임은 하나의 독자적인 세계관이며 고유의 스토리가 게임 속에 살아 숨쉬고 있다. 그래픽과 스토리 — 이 두 가지 요소는 영화에도 또렷이 공유되는 부분이다. 이러한 교집합으로 인해 그간 영화나 애니메이션 IP를 활용한 게임들이 성공적으로 출시되었다. 이미 영상 콘텐트를 통해 팬덤을 끌어모은 검증된 IP를 지렛대 삼아 게임을 출시한 것이다. 예컨대 해리포터와 마블 시리즈는 게임으로 출시되어 엄청난 반응을 끌어냈고, 일본에서는 여전히 '일곱 개의 대죄'라든가 '원 펀맨' 등, 애니를 게임으로 만든 콘텐트가 매출 최상위를 기록하고 있다.

넷플릭스가 사업 다각화의 한 방편으로 드라마 '기묘한 이야기'를 기반으로 게임을 만든 개발사 넥스트 게임즈를 900억 원에 인수한 것도 바로 이러한 맥락에서 읽을 수 있다. 2013년 설립된 넥스트 게임즈는 '워킹 데드' 같은 인기 드라마를 기반으로 게임을 개발하고 있는 곳이다. 지난해에는 넷플릭스가 제작, 방영해 인기를 끈 SF 호러 드라마 '기묘한 이야기'를 원작으로 한 모바일 게임 '기묘한 이야기 : 퍼즐 테일스'를 출시하기도 했다.

또 2021년 11월 모바일 게임을 처음 출시하며 출사표를 던진 넷플릭스는 이를 위해 일렉트로닉 아츠(EA)와 페이스북에서 임원을 지낸 마이클 버듀(Michael Verdu)를 게임 개발 부사장으로 영입하는가 하면, 9월에는 '애프터 파티'라는 흥행 게임을 내놓은 인디 개발사 나이트 스쿨 스튜디오를 인수하기도 했다. 넷플릭스는 게임 산업 진출을 이렇게 공식적으로 천명했다. "우리는 앞으로도 세계 곳곳의 개발자와 협력하고 업계 최고의 인재들로 팀을 구성해 게임 성향이나 난이도에 상관없이 모든 게이머가 즐길 수 있는 넷플릭스만의 뛰어난 게임을 선보일 것이다. 넷플릭스 영화나 시리즈와 마찬가지로 이 게임들도 전부 넷플릭스 멤버십 하나로 이용할 수 있다." 넷플릭스의 게임 산업 진출을 통해 게임과 영상 콘텐트 산업의 결합은 가속화될 전망이다.

반대로 게임이 영화화되는 경우는 어떨까? 그런 사례는 보기 드물었다. 그 첫째 이유는 게임 세계관을 기반으로 영화를 만들기 위해서는 수백억 원의 제작비가 들 터인데, 그 비용을 상회할 만큼 충분히 흥행력 있는 게임 IP를 찾기가 여간 어렵지 않았기 때문이다. 그리고 두 번째 이유는 게임회사의 자금 여력이 충분하지 않아서 게임 개발 외 영상 산업에 투자할 여력이 없었기 때문이다. 그러나 '리그 오브 레전드', '배틀그라운드', '크로스파이어' 등 글로벌 흥행 게임 IP가 탄생하면서 영화화가 가능할 정도의 인지도를 쌓게 되었으며, 동시에 이들 게임이 잘되면서 자체적으로 수백억 원의 게임 영화나 드라마를 제작할 만한 자금력을 가지게 된 것이다. 즉, 하나의 게임이 잘되면서 이 두 가지 한계를 일순간에 극복한 것이다.

그래서 작년 글로벌 흥행 게임 '리그 오브 레전드(롤)'의 세계관을 바탕으로 한 애니메이션 '아케인(Arcane)'이 넷플릭스에 출시되었고, 출시 직후 인기 순위 1위에 등극하는 성과를 보여주었다. 특히 이 작품은 IP를 영상 제작사에 판매하는 방식이 아니라, 라이엇 게임즈가 직접 자본을 투입해서 프랑스 애니메이션 제작사 포르티쉬(Fortiche) 스튜디오와 협업하여 만든 애니메이션이라는 점에 그 의의가 있다. 또한 노티 독(Naughty Dog)이 개발한 동명의 액션 어드벤처 게임을 원작으로 한 영화

'언차티드(Uncharted)'가 2주 연속 북미 박스 오피스 1위를 차지하기도 했다. 이와 똑같은 방식으로 게임 IP를 활용하여 영상 산업으로의 진출을 꾀한 국내 기업으로는 넥슨, 크래프톤, 스마일게이트, 컴투스, 넷마블이 있다.

그중에도 넥슨은 영상 제작 사업에 가장 공격적으로 자원을 투입하고 있다. 얼마 전 넥슨의 김정주 회장이 별세했다. 원인은 우울증으로 밝혀졌는데, 넥슨을 향한 국내 게임 유저들의 비판도 한몫했다고 주변 지인들은 증언한다. 그가 설계한 MMORPG 과금 모델은 국내 게임 산업을 성장시킨 원동력이지만 동시에 유저들을 상대로 돈을 갈취한다는 오명을 받기도 했다. 화려한 빛 뒤에 드리운 짙은 그림자가 그의 영혼에 상처를 낸 것이다. 고 김정주 회장은 이러한 비난에 대한 부채감을 오래도록 마음속에 간직하고 있었던 모양이다.

2015년 발간된 그의 자서전 〈플레이〉에는 이런 말이 나온다. "디즈니의 100분의 1이라도 따라가고 싶어요. 닌텐도도 아직 게임밖에 못 하고 있잖아요. 디즈니처럼 모든 콘텐트 분야를 다 아우르게 되려면 갈 길이 멀어요. 디즈니가 제일 부러운 것은 디즈니는 아이들을 쥐어짜지 않는다는 겁니다. 아이들과 부모들이 스스로 돈을 싸 들고 와한참 줄 서서 기다리며 디즈니의 콘텐트를 즐기잖아요. 기꺼이 즐거운 마음으로 디즈니한테 돈을 뜯기죠. 넥슨은 아직 멀었어요. 우리 콘텐트는 재미있는데 어떤 이들에겐 불량식품 같은 재미인 거죠. 우리가 풀어야 할 숙제이기도 해요." 그는 하나의 놀이 문화로서의 게임을 추구해왔고, 이는 그가 간직한 꿈과도 같았다. 4년 뒤 넥슨의 사업이 성숙기에 들어설 무렵 그는 이를 구체적으로 행동에 옮겼다. 2019년 직접 디즈니의 경영진을 찾아가 자신의 회사를 인수해달라고 제안했다. 넥슨이 가진 문화적 유산들을 잘 다듬어 세계인이 즐길 수 있는 콘텐트로 만들 수 있는 유일한 회사가 바로 디즈니라고 생각했지만, 경영진들은 가격 부담에 인수를 거절했다.

김정주 회장은 종합 콘텐트 기업의 꿈을 포기하지 않았다. 2021년 3월 '건담 · 원피스 · 팩맨 · 러브 라이브 · 가면라이더 · 호빵맨' 같은 IP를 보유한 반다이 남코, '유희왕 · 악마성 시리즈 · 위닝 일레븐 · 메털 기어' 등의 IP를 가지고 있는 코나미, '소닉 · 뿌요뿌요' 등을 제작한 세가, 미국 유명 완구업체인 해즈브로(Hasbro)에 총 1조 원을 투자했다. 이어 2022년 1월에는 마블 영화 '캡틴 아메리카: 윈터 솔저', '어벤져스: 인피니티 워'를 제작한 루소 형제의 콘텐트 제작사 AGBO에 6,000억 원을 투자, 2대 주주에 올랐다. 이번 투자로 확보한 AGBO와의 파트너십에다 넥슨의 강점 중 하나인 장기간의 서비스로 획득한 IP 관리 노하우를 접목해, 게임, 영화, TV, 스트리밍, 상품 판매 등 다양한 경로로 '넥슨 IP 향유의 기회'를 글로벌 이용자들에게 제공할 예정이다. 그리고 지난해 디즈니 최고 전략 책임자를 역임한 케빈 메이어(Kevin A.

Mayer)를 사외 이사로 선임했다. 디즈니와의 합병에는 실패했지만, 디즈니의 DNA라도 심고자 한 것이다. 그리고 7월 넥슨 필름&텔레비전을 신설하여 역시 디즈니와 블리저드를 거친 닉 반다이크(Nick Van Dyk) 수석을 총괄로 앉혔다. 반다이크 부사장 역시 월트 디즈니 그룹에서 기업 전략과 사업 개발을 10년간 총괄해온 디즈니의 핵심 인재였다.

또, 네이버와 YG엔터테인먼트가 설립한 미래형 문화 콘텐트 사업 합작법인 YN컬쳐앤스페이스에 150억 원을 출자하기도 했다. YN컬처앤스페이스는 디지털 미디어를 제작하는 종합스튜디오로, 각사가 보유한 아티스트 콘텐트와 넥슨의 게임 IP를 기반으로 다양한 미래형 콘텐트 제작을 시도할 전망이다. 오언 마호니(Owen Mahoney) 대표는 최근 주주 서한을 통해 "넥슨을 세계에서 가장 뛰어난 엔터테인먼트 회사로 만들겠다"고 강조했다. 그가 세계 최고의 '게임' 회사라 하지 않고 '엔터테인먼트' 회사라고 한 것은 고 김정주 회장의 뜻을 받들어 넥슨을 종합 콘텐트 기업으로 발돋움시키겠다는 의지의 표명이기도 하다.

어느 기자가 김정주에게 이렇게 물었다. "테마파크를 왜 안 짓죠? 디즈니 같은 기업을 꿈꾼다면서요?" 여기에 김정주는 답했다. "그게 역사책을 보면, 오늘 하면 안 된다고 적혀 있거든요. 앞으로 20년쯤 더 지나 똘똘한 게임 지식재산권이 더 많이 있어야 하는 거죠. 결국, 절대 시간이 필요하다는 겁니다. 10년쯤 더 넥슨을 튼튼하게 만들고 제가 빠지면 또 다른 친구가 와서 다음 단계로 넥슨을 도약시키는 거죠. 닌텐도의 '슈퍼마리오' 캐릭터와 우리가 가진 캐릭터 파워의 차이는 현격해요. 그런데 닌텐도도 아직 테마파크가 없잖아요. 디즈니 수준까지 넥슨을 키워 보고 싶은데, 인간 수명이 길지 않다는 게 아쉽죠. 그래도 우리 세대에서 성급하게 굴지 않고 참고 가면 넥슨 역시 거기까지 갈 수 있을 것 같아요." 2022년 3월 말 그가 세상을 떠난 후 사업 목적에 등재된 테마파크 사업은 김정주가 남긴 정신적 유산이자 그의 다음 세대들이 가꾸어나갈 미래에 대한 포부라고 해석할 수 있다. 그가 세상을 떠나기 전 마지막으로 의사결정을 한 사업이라는 점에서 그 의의가 크다. 넥슨이 보유한 '던파', '카트라이더', '메이플'의 캐릭터들이 뛰어노는 테마파크 사업은 넥슨의 다음 수장인 오웬 마호니의 손을 거쳐 꽃피울 전망이다.

넥슨의 김정주 회장이 게임 산업의 디자이너라는 별칭에 걸맞게 종합 콘텐트 기업으로의 도약이라는 어젠더를 제시했고, 다른 게임사들도 이에 부응해 새로운 시도들을 지속해나가고 있다. 가령 크래프톤은 '배틀그라운드' 세계관을 담은 단편 영화 '그라운드 제로', '방관자들'을 출시하며 영상 산업으로의 진출을 알렸고, 동시에 '배틀그라운드' IP를 활용한 네이버 웹툰 '100', '침묵의 밤', '리트리츠'를 선보이기도 했다. 동시에 할리우드 영상 제작자 아디 샨카를 영입하여 '배틀그라운드'를 활용한 애니메이션 제작에도 착수했다.

스마일게이트는 2020년 7월 중국 최대 드라마 제작사인 유허그 미디어(耀客传媒)와 함께 '천월화선(穿越火线)'이라는 크로스파이어 E-스포츠를 주제로 한 드라마를 제작하여 텐센트 비디오를 통해 공개했는데, 누적 조회 수 19억 회를 기록하기도 했다. '천월화선'은 해당 플랫폼에서 인기 드라마 순위 2위에 해당하는 대흥행을 거두었다. 부수적으로 드라마가 시작된 직후 PC 게임의 경우 전년 동기 대비해서 복귀 유저는 19% 증가했고, 신규 유저 역시 10% 증가하는 성과를 거두었다고 발표했다. 이는 콘텐트 산업과 게임 산업 간의 시너지 효과를 증명한다.

또 지난 2020년에는 크로스파이어의 영화 제작을 위해 배급사 소니 픽처스(Sony Pictures Entertainment) 및 제작사 오리지널 필름(Original Film)과 계약을 체결하고 국내 게임 IP를 활용한 최초의 할리우드 영화를 내놓을 계획이다. 히트작 '13시간'을 집필한 척 호건(Chuck Hogan)과 시나리오 계약을 맺어 1차 시나리오 작업을 완성한 상황이다. 동시에 2021년 3월 '신과 함께', '광해'로 유명한 제작사 리얼라이즈픽쳐스와 손잡고 조인트벤처인 '스마일게이트리얼라이즈'를 설립하기도 했다. 또한, 중국 내 쑤저우, 상하이, 광저우 3곳에 크로스파이어 테마파크를 운영 중이기도 하다.

2019년 컴투스는 인기 미국드라마 '워킹 데드'의 제작사로 유명한 스카이바운드(Skybound Entertainment)와 협업을 진행하여 단편 애니메이션 '프렌즈 앤 라이벌'을 선보였으며, 코믹스 시리즈인 '서머너즈 워 : 레거시'를 내놓기도 했다. 또한, 국내 최대 규모의 웹툰 콘텐트 전문 제작사 케나즈와 합작회사 정글 스튜디오를 설립하고, '승리호'로 유명한 위지윅스튜디오를 인수하는 등, 규모와 대비해 가장 적극적인 콘텐트 사업 진출 행보를 보이고 있다.

그런가 하면, 넷마블은 BTS 소속사 하이브의 2대 주주로 '사랑의 불시착' 등으로 유명한 드라마 제작사 스튜디오 드래곤과 IP 공동 개발 협약을 맺었고, 드라마 '아스달 연대기'를 활용한 MMORPG를 준비 중이다.

이러한 일련의 행보를 보면 알 수 있듯이, 비주얼 구현 및 스토리텔링 역량을 토대로 각 게임사는 단순히 사업영역을 게임에만 두지 않고 종합 콘텐트 기업으로의 도약을 준비하고 있다. 영상 콘텐트 사업은 고성장- 고부가가치 산업이라는 인식이 뚜렷해서, 이 분야 상장 기업 평균 PER이 50을 훌쩍 넘는다. 겨우 20배 수준인 게임 산업과 현저히 대비된다. 현금흐름 창출 능력이라는 면에서는 게임을 따라가지 못하지만, 미래 주도 사업이라는 타이틀을 굳게 지키고 있기 때문이다. 게임사들이 과금을 통해 얻은 막대한 현금을 콘텐트 사업에 투자한다면, 김정주 회장의 숙원이기도 했던 종합 콘텐트 기업으로의 도약은 머지않은 장래에 이루어질 것이다. 2022년을 기점으로 이들 사업군으

게임주 빅뱅

로의 침투가 원활하게 이루어진다면, 게임 산업은 부가수익원을 발굴함과 동시에, 주가 저평가 국면을 해소할 수 있는 계기를 스스로 마련할 수 있을 것이다.

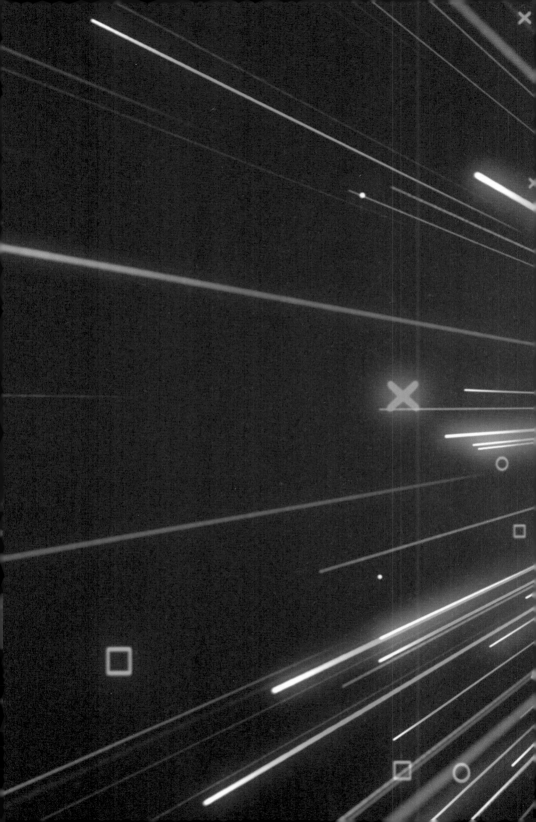

PART 5

신사업 영역 분석

1

소셜 카지노

　앞서 언급한 바와 같이, 인간은 본능적으로 불안정한 보상에 도파민이 자극되는 성향이 있다. 그리고 이처럼 도파민이 샘솟게 하는 자극을 극도로 끌어올린 것이 바로 슬롯머신이다. 슬롯머신은 오로지 '운'에 의해 보상받는다. 그리고 간헐적으로 등장하는 번쩍이는 잭팟 화면은 고객들로 하여금 온몸에 전율을 일으키게 한다. 슬롯머신 도박꾼들은 바로 이 화면에 중독되어 평균적으로 시간당 600번씩이나 휠을 돌린다고 한다. 실제 슬롯머신은 미국에서 야구, 영화 및 테마 파크를 합친 것보다 더 큰 수익을 올리고 있다. 이 슬롯머신은 카지노의 상징과 같고, 이러한 슬롯머신을 주축으로 실력의 요소가 조금 더 반영되는 카드류의 게임을 모바일 속에서 구현한 것이 바로 '소셜 카지노 게임'이다. 소셜 카지노라는 이름 자체가 그렇다. 이 같은 카지노 게임이 처음에 모바일로부터 유행한 게 아니라, 페이스북 등의 SNS 웹페이지를 통해 북미지역에서 유행처럼 번졌기 때문에 이를 '소셜' 카지노라고 부르게 된 것이다.

카지노 산업은 사회에 미치는 부작용이 만만치 않아서, 세계 각 정부는 이를 각자의 방식대로 규제한다. 다만, 개인의 자율권과 사회적 부작용이라는 서로 충돌하는 두 사안 중 어느 쪽에다 조금 더 중점을 두느냐에 따라 규제 방식을 달리할 뿐이다. 한국과 중국은 카지노 산업을 전 세계 국가 중 가장 강하게 통제하는 나라로 꼽힌다. 반면, 자유와 민주주의의 상징인 미국과 영국은 상대적으로 느슨하게 통제하는 대표적인 나라이다. 온라인 카지노 게임에 있어서도 마찬가지다. 2006년 전 국민이 한국형 슬롯머신에 빠졌던 '바다 이야기' 사태 이후 우리나라는 '사행성'이라는 단어에 대해 극히 보수적인 혐오의 태도를 취해왔다. 단순히 도박 자체를 규제하는 것에 그치는 것이 아니라, 사행성의 요소가 담긴 거의 모든 것을 불허하는 입장을 택했다.

가령 우리나라에는 세계 어느 나라에서도 찾아보기 힘든 '웹보드 규제'가 있다. 모바일 게임이 막 성행하던 차에 사람들이 '피망 맞고', '한게임 포커' 등 웹보드 게임을 너나 할 것 없이 즐기자, 문화체육관광

부는 2014년 2월 '게임 산업 진흥에 관한 법률 시행령'을 발표했다. 가상 게임 머니로 진행되는 온라인 게임인데도 사행성을 '조장'시킬 수 있다고 해서, 월 구매 한도와 1회 베팅 한도를 각각 30만 원과 3만 원으로 통제한 것이다. 그리고 2016년 이 법안은 일부 완화되어 각각 50만 원과 5만 원으로 상향 조정되었고, 2020년에는 하루 10만 원 이상 손실 시 24시간 동안 접속을 제한하는 규정이 삭제되었다.

그리고 이번 개정안에 또 하나 흥미로운 사안이 발견되었다. 사행성 웹보드 게임의 규제 대상에 카드 게임이나 화투놀이뿐 아니라 스포츠까지도 그 대상에 포함된 것이다. 달리 해석하면, 스포츠 예측 게임을 웹보드 게임의 일종으로 편입시킨 것이다. 불법 스포츠 도박은 수년 동안 사회적 문제로 대두되었고, 이들 사업자는 해외에 서버를 두는 식으로 교묘히 수사를 피해갔다. 이들이 더 병든 사회를 초래하기 전에 차라리 규제하여 양지로 끌어올리자는 것이 본 개정안의 취지였다. 비슷한 맥락에서 전성민 가천대 교수의 연구자료에 의하면 국내 소셜 카지노 게임이 활성화된다면 불법 온라인 카지노 이용자 가운데 최대 13.9%가 제도권으로 편입될 것으로 예측했다. 실제 돈이 오고 가지는 않지만, 대신 비슷한 고양감을 제공해주어 도박의 대체재로서의 순기능이 있다는 점이다. 이 같은 사회적 변화에 카카오게임즈의 자회사 프렌즈게임즈는 스포츠 예측 베팅 게임 '따다'를 개발한 나부스튜디오를 인수하며 발 빠르게 스포츠 베팅 게임 사업영역으로 진출했다.

좀 더 먼 과거로 잠시 돌아가보자. 2014년 웹보드 게임 규제를 기점으로 한게임을 운영하는 NHN과 피망을 운영하는 네오위즈의 영업이익은 급감했다. 역설적으로 국내의 규제를 피해 일찌감치 해외로 눈을 돌린 국내 소셜 카지노 기업은 빠른 시장으로 시장에 침투하여 급성장하기 시작했다. 한국 최초 소셜 카지노 업체인 미투온과 더블유게임즈가 그 대표적인 예다. 이들 중 더블유게임즈는 코스피에, 미투온은 코스닥에, 각각 상장되어 있다. 또 미투온은 2017년 럭키젠이라는 홍콩계 소셜 카지노 회사를 인수했고, 이 럭키젠 또한 미투젠으로 사명을 변경한 후 코스닥에 상장했다. 더블유게임즈 또한 2017년 당시 세계 4위 소셜 카지노 게임 개발사인 '더블다운 인터랙티브(DDI: DoubleDown Interactive)'를 약 1조 원에 인수했고, 이를 통해 현재까지도 세계 4위 소셜 카지노 게임 개발사 위치를 차지하고 있다. 이후 DDI는 2021년 9월 나스닥 증시에 상장했다.

소셜 카지노 산업의 시장 규모는 2021년 기준 약 8조 원 수준으로 알려져 있고, 현재 세계 1위 소셜 카지노 게임사는 이스라엘의 플레이티카(Playtika)이며 3위 기업이 넷마블의 자회사가 된 스핀엑스 게임즈다. 여기 흥미로운 사실이 하나 있다. 소셜 카지노 산업이 아직 꽃피기 전인 2016년, 넷마블의 방준혁 의장이 이 플레이티카 인수전에 4조5,000억 원을 베팅하며 참전했다는 것! 결국엔 4조9,000억 원을 써낸 알리바바 주축의 중국계 컨소시엄에 매각되긴 했지만, 그의 선구안을 엿볼 수 있는 대목이다. 현재 플레이티카의 기업가치는 그 당시의 두 배 이상으로 상승했다.

어쨌거나 이 두 업체는 소셜 카지노 게임으로 매년 막대한 영업이익을 챙기고 있다. 더블유게임즈의 2021년 누적 당기순이익은 1,565억 원이고, 미투젠은 303억 원이다. 특히 더블유게임즈는 2021년 상반기 영업이익 994억 원으로 국내 상장 게임사 중 크래프톤, 엔씨소프트에 이어 3위를 기록하기도 했다. 미투온의 영업이익은 약 100억 운 수준으로 예측되며 매출의 상당 부분을 미투젠에 의지하는 상황이다. 컴투스와 컴투스홀딩스(옛 게임빌)의 관계와 비슷하다고 보면 된다. 그러니까 본업 경쟁력보다는 과거에 집행했던 투자가 성장 동력이 돼버렸다는 말이다. 그리고 더블유게임즈의 PER은 7배, 미투젠은 8배 정도로 게임 업종 평균인 30배 수준의 3분의 1에도 미치지 못한다. 실적만 놓고 봤을 땐, 전통 제조업 수준 혹은 그보다 더 아래로 저평가받고 있다는 뜻이다. 그럼에도 더블유게임즈와 미투젠의 2021년도 영업이익은 각각 1904억 원과 400억 원을 기록했으며, 이들의 영업이익률은 평균 35% 수준에 달한다.

앞서 여러 가지 게임주를 분석할 때 신작 라인업을 통해 올해 증가할 예상 실적을 추정하여 주가를 예측했지만, 이들의 경우에는 재무제표 자체가 이미 더할 나위 없이 훌륭하게 제시되어 있다. 심지어 미투젠과 더블유게임즈의 부채비율도 15% 미만으로, 40%를 훌쩍 넘는 타 게임사와 대조된다. 소셜 카지노 게임은 RPG 장르의 게임과 달리 개발비가 많이 들지 않는 데다, 이 같은 방식으로 장기간 서비스를 지속해온 프랜차이즈 게임이기 때문이다. 이 두 회사는 시장이 시작될 무렵 미리 산업의 성장 가능성을 읽고 게임을 출시하였기에 이 같은 성장을 거듭할 수 있었다.

그래서 이들의 주가를 예측하는 데 무엇보다 필요한 요소는 실적에 앞서 시장의 관심이다. 그리고 현재 넷마블, 위메이드, 카카오게임즈와 더불어 전통의 웹보드 게임 강자 NHN과 네오위즈까지 이 사업 영역으로 공격적 진출을 꾀하고 있는 터라, 올해 게임 산업 전반의 재평가가 이루어진 후에는 소셜 카지노 기업에 대한 관심도 덩달아 높아지는 낙수효과를 볼 수 있으리라 예상된다. 넷마블과 위메이드 등의 회사가 이토록 소셜 카지노 사업에 관심을 보이는 이유는 무엇일까? 두 가지로 결론지어볼 수 있다. 우선, 이 사업영역은 전형적인 고효율 사업이어서 적은 비용으로 일정 수준의 수익을 확보할 수 있다. 게다가 유저들은 익숙해진 이용자 환경을 중시하는 특성이 있어서, 게임 이탈률이 상대적으로 낮은 편이다. 따라서 재무제표 개선에 상당히 효과적이다. 소셜 카지노 게임의 경우, 눈에 익은 이용자 환경을 중시하는 유저들의 특성상 게임 이탈률이 상대적으로 낮은 편이다. 이런 소셜 카지노 포트폴리오를 통해 안정적인 현금흐름의 원천을 만들고, 이

자금을 자체 게임에 재투자하는 선순환의 고리를 만들 수 있다는 얘기다. 그리고 두 번째 이유는 산업 자체가 폭발적으로 커질 조짐을 보이기 때문이다.

다른 주제로 넘어가기 전에 이 두 번째 이유를 조금 더 살펴볼 필요가 있다. 먼저 소셜 카지노 게임의 주요 소비 계층은 누구였을까? 흔히 예상할 수 있는 바와는 다르게 바로 북미지역 40~50대 주부층이었다. 남편과 자녀들을 직장과 학교에 보내고 집에서 홀로 남아 집안일을 하다가, 단시간에 집중적으로 게임을 즐길 수 있는 소셜 카지노 게임에 접속하기 시작한 것이다. RPG 장르 게임의 경우, 방대한 세계관이 몰입감보다는 오히려 거리감을 느끼게 했고, 투입해야 하는 노력의 강도가 너무 높아서 주부들이 즐기기에는 적합하지 않았다. 또 전략 게임과 액션 게임의 경우엔 조작법이 간단하지 않아 주부들이 쉬이 피로감을 느끼곤 했다. 그 반면, 도박의 역사는 곧 인류의 역사와 궤를 같이한다. 그리고 수백 년 전부터 이어져 온 게임의 플레이 방법은 이미 우리 모두의 뇌에 깊이 각인되어 있다. 심지어 '슬롯머신' 장르로 말하자면, 이렇다 할 복잡한 조작법조차 없지 않은가. 그저 게임 머니를 투입하고 슬롯을 누르고, 이따금 터져 나오는 잭팟의 짜릿함을 누리기만 하면 되지 않는가. 이런 까닭에 소셜 카지노 게임은 슬롯머신 장르로부터 시작했고, 이후 포커 등의 카드 게임으로 양식을 변주했다. 지금까지도 슬롯머신 장르의 매출액이 전체의 70%에 육박한다. 이러한 맥락을 살펴보면 소셜 카지노 게임이란 것도 건전하게 즐길 수 있는 하나의 레저 문화라는 것을 알 수 있다.

그런데 산업의 지형이 거세게 흔들리고 있다. 바로 블록체인 기술의 등장 때문이다. 블록체인 기술을 활용해 만들어진 암호화폐들은 이미 제도권에 편입되기 시작했고, 가상화폐 거래소는 이미 활발히 운영되고 있다. 그리고 게임사는 때맞춰 P2E 게임을 발전시키고 있다. 위메이드의 '흑철'처럼 P2E 게임 속 아이템을 토큰으로 바꾸는가 하면, 그 토큰을 다시 암호화폐로 바꾸고 나아가 거래소에서 현금화하는 절차가 새로 생겨난 것이다. P2E 게임은 사행성이 있다는 이유로 국내에서는 엄격하게 금지되어 있지만, 위메이드의 경우 글로벌 시장에서 이 같은 절차를 다듬어나가는 중이다. 게임사는 아이템을 암호화폐로 바꾸는 과정까지만 관여하고, 암호화폐의 거래를 통해 수익화하는 절차는 거래소에 위임함으로써 법적 리스크를 피한 것이다. 게임사가 아이템을 암호화폐로 바꿔주는 것을 금지하는 구체적인 법은 전 세계 어디에도 없으며, 암호화폐 거래 자체는 이미 법적 인가를 받은 상황이기 때문이다. 각자의 역할을 나누어 가짐으로써 이런 흐름이 가능해진 것이다.

그런데 위에서 말한 '아이템'을 소셜 카지노의 '게임 머니'로 바꾸면 어떻게 될까? 세계 카지노 사업의 규모는 게임 산업 전체의 규모와 맞먹는다. 이들 현실 세계의 카지노와 소셜 카지노를 가르는 본질적 차이는 바로 환금의 여부에 있었다. 즉, 실제로 돈이 오고 가지 않는 점이 바로 소셜 카지노의 성장을 가로막는 단 하나의 커다란 빗장이었다. 그런데 이것이 조금씩 열리고 있는 중이다. 40~50대 주부뿐만 아니라 실제 카지노의 소비 계층인 40~50대 남성까지 이들 게임으로 조금씩 환입이 되면, 아예 산업 자체의 본질이 바뀌고 이를 양분 삼아 무서운 속도로 성장할 것이다. 현재로서는 이러한 업계의 움직임에 제동을 가하는 뚜렷한 움직임은 존재하지 않는다. 그리고 이런 과정에서 소셜 카지노 게임을 통해 불법 도박 산업이 양성화되는 효과도 무시할 수 없을 것이다. 북미와 유럽지역의 경우 어차피 도박 산업 자체를 근절시킬 수 없다면, 정부의 감시 아래 가벼운 수준으로 즐기도록 하는 차선책을 권유하자는 주장이 학계를 통해 사회 전반에 퍼지고 있다.

위메이드는 2021년 말 선데이토즈를 인수한 다음, 그 이름을 위메이드 플레이로 바꾸었다. 선데이토즈가 2012년 개발한 '애니팡'은 국민적 인기를 누린 바 있다. 3명의 개발자가 토즈라는 스터디 카페에서 시작한 인디 스튜디오는 이 게임을 통해 코스닥 시장에 상장할 정도로 고속 성장했다. '애니팡'의 성공에는 카카오게임즈의 역할이 있었다. 카카오게임즈는 게임 퍼블리싱 사업을 본격적으로 시작한 후 카카오 계정을 연동시켜 게임 속 하트를 친구들에게 선물하는 식으로 게임을 활성화하는 퍼블리싱 모델을 개발했다. 그리고 이 모델의 첫 번째 타깃이 바로 '애니팡'이었다. '애니팡'은 카카오톡을 통해 친구가 친구를 만들면서 한국 전역으로 퍼져나간 것이다. 그러나 이 시리즈는 치명적인 단점을 안고 있었다. 흔히 '애니팡'이라는 게임 자체는 명확히 기억하지만, 거기 등장하는 캐릭터와 게임 화면은 희미하게 기억할 뿐이다. 그들이 제공하는 세계관, IP의 색깔이 연한 것이다. 이 때문에 IP의 확장력이 떨어졌고, 간단한 조작법은 다른 게임사의 먹이가 되어 카피 게임의 출시가 잇따랐다. 실적은 바람 빠진 풍선처럼 쪼그라들기 시작했다.

이후 2010년도 후반부터 이들이 눈을 돌린 곳은 다름 아닌 소셜 카지노 게임이었다. 2019년 소셜 카지노 게임 개발사 링스게임즈를 인수한 뒤 자회사 선데이토즈 플레이와 합병시킨 법인 플레이링스를 통해 SNS 기반 인스턴트 슬롯 머신 게임 라인업을 갖추었고, 2021년 앱 기반 슬롯머신 게임 개발사 플라이셔를 360억 원에 인수했다. 그리고 올해 3월 사명이 위메이드 플레이로 바뀌게 되었다. 흔히 카지노 게임 뒤에 수식어로 가장 많이 붙는 단어가 바로 '플레이'이다. 선데이토즈는 자신의 정체성 자체를 소셜 카지노 기업으로 자리매김하려는 의도를 품은 것 같다.

위메이드의 장현국 의장은 2022년 2월 16일 온라인 미디어 간담회에서 이렇게 말했다. "카지노는 규제 때문에 조심스럽게 접근하고 있다. 소셜 카지노와 블록체인 암호화폐의 결합에 대해서는 더 많은 연구가 필요하다. 현재 P&E 소셜 카지노에 NFT뿐 아니라 위믹스 코인을 적용하기 위해 기술을 개발하고 있다. 해결책을 찾아 업계에서 큰바람을 불러일으킬 것으로 생각한다." 여기서 그가 말한 해결책이 가지는 의미가 어떠한 것인지, 여태까지 읽어온 맥락을 통해 충분히 유추할 수 있으리라. 그리고 P&E 소셜 카지노 게임의 서비스 주체가 누구인가 하는 질문에는 이렇게 답했다. "선데이토즈가 개발 관련 별도 연구에 나섰다면, 위메이드는 위믹스 플랫폼 사업자로 연구하고 있다. 선데이토즈의 소셜 카지노 게임이 가장 먼저 출시될 것으로 생각한다. 외부 카지노 게임사와도 위믹스 온보딩 관련 미팅을 하고 있는 중이다." 즉, 위메이드 플레이의 슬롯 머신 게임과 다른 기업들의 소셜 카지노 게임을 위믹스 플랫폼에 올려 자체 가상화폐인 '위믹스'와 연동시키겠다는 의미가 아니겠는가. 위메이드 입장에서도 환금성의 영역에 발을 들인 소셜 카지노 게임이 가진 폭발적인 잠재력을 포기하기가 어려웠을 것이다.

다른 게임사들도 마찬가지다. 무차입 경영을 이어오던 넷마블은 무리한 주식 담보 대출을 통해 스핀엑스 게임즈를 총액 인수했고, 이 기업은 이미 넷마블의 핵심 수익원으로 자리 잡았다. 카카오게임즈의 자회사 프렌즈게임즈는 웹보드 게임의 전통 강자 NHN 한게임 출신 핵심 인사를 잇달아 영입했고, 가상자산 '보라'의 출시를 알렸다. 그리고 곧이어 승부 예측 게임 '따다'를 출시했다. 또 다른 카카오게임즈의 자회사 넵튠은 소셜 카지노 게임사 HNC게임즈를 인수하여 이미 매출 40% 이상은 소셜 카지노 게임 분야에서 발생시키고 있다. 이들은 규제 리스크를 고려하더라도 소셜 카지노 게임 산업이 내놓을 과실을 포기할 수 없었던 모양이다. 자회사를 통한 소셜 카지노 게임사 인수 추세는 당분간 계속 이어질 것으로 보인다.

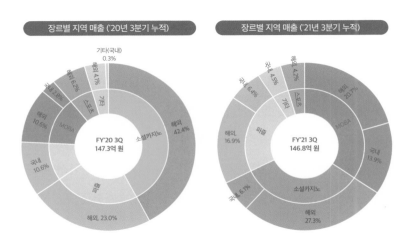

장르별 지역 매출 ('20년 3분기 누적)

기타(국내) 0.3%
해외 4.1%
해외 6.2%
국내 2.8%
해외 10.6%
국내 10.6%
MOBA
스포츠
기타
소셜카지노
해외 42.4%
퍼즐
해외, 23.0%
FY'20 3Q 147.3억 원

장르별 지역 매출 ('21년 3분기 누적)

해외, 4.2%
국내 4.5%
국내 6.4%
해외, 16.9%
국내 6.1%
MOBA
스포츠
기타
퍼즐
해외 20.7%
국내 13.9%
소셜카지노
해외 27.3%
FY'21 3Q 146.8억 원

● 게임 장르별/지역별 매출 - 2020년 및 2021년 3분기(자료; 넵튠 IR)

성장은 기업이 가진 존재적 숙명과도 같다. 성장하지 못하는 기업은 기업으로서의 존재 가치를 잃어버리고 만다는 얘기다. 1984년 코카콜라의 첫 공개서한에도 이렇게 적혀 있었다. "우리의 주된 목표는 계속해서 주주의 자산가치를 극대화하는 것입니다." 또 1997년 아마존의 첫 공개 주주 서한에서는 뭐라고 했던가? "우리는 장기에 걸쳐 창출하는 주주가치가 성공의 근본 척도가 되리라고 생각합니다." 앞에서 예로 든 위메이드와 카카오게임즈, 넷마블은 자신의 블록체인 플랫폼의 매력을 강화하고 안정적인 현금흐름을 창출하기 위해, 소셜 카지노 사업으로의 신규 진입을 통한 성장을 꾀했다는 공통점을 갖고 있다. 그렇다면 반대로 국내 1위, 2위 소셜 카지노 더블유게임즈와 미투젠은 저평가되고 있는 자신들의 사업을 성장시키기 위해 어떤 전략을 택했을까?

이 두 기업의 처지에서 채택된 성장 방법론은 직관적으로 두 가지로 나눠볼 수 있다. 첫 번째는 게임 기업이 콘텐트 회사를 적극적으로 인수한 사례에서처럼, 고평가받고 있는 사업군을 내재화하여 사업 정체성을 변화시키는 방법을 생각해볼 수 있다. 두 번째는 저평가와 상관없이 본업을 현상 유지 수준이 아니라 폭발적으로 성장시켜서 자신의 존재감을 드러내는 방법이다. 그리고 두 게임사는 이들 모두를 활용하고 있다.

소셜 카지노 게임사 입장에서는 고평가받고 있으며 자신들이 가장 쉽게 진출할 수 있는 곳은 바로 일반 장르의 게임이다. 그래서 그들은 자체 기술을 녹여내 일반 장르의 게임을 출시하여 소셜 카지노 기업 외에 새로운 모멘텀을 마련하고 종합 게임사로의 리포지셔닝을 모

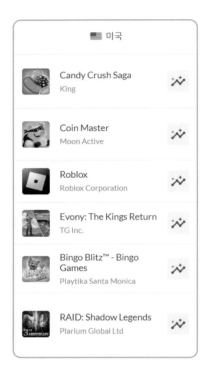

◎ 미국 내 게임 매출 순위 (자료; 모바일 인덱스 2022년 4월 25일)

색하고 있다.

왼쪽의 표는 미국 구글 앱 스토어의 게임 매출 순위를 보여준다. 여기서 2위를 차지한 문 액티브(Moon Active)의 '코인 마스터(Coin Master)'라는 게임을 보자. 이 게임은 이스라엘 개발사 문 액티브에서 내놓은 슬롯머신 기반 전략 게임으로, 2015년 출시 이래 연평균 1조 원의 매출고를 올리고 있으며, 전체 다운로드 수의 20%에 불과한 미국이 총매출의 50%를 차지하고 있다. 이를 통해 우리는 어떤 점을 유추할 수 있을까? 미국의 경우 게임의 과금에 대해 본인이 감당할 수 있는 선에서 과금하고 본인이 책임진다는 개인 책임론을 앞세우고 있다는 사실이다. 그리고 유저 풀 자체도 과금에 대해서는 거부감이 약한 편이다. '코인 마스터'는 슬롯머신을 돌려서 가로로 같은 그림 3개를 맞추면 해당 아이템을 지급하고, 스핀을 돌릴 때는 에너지가 필요한데 이 에너지는 앱 결제를 통해 구입할 수 있다. 이렇게 얻은 아이템을 바탕으로 다른 유저들끼리 마을을 약탈하고 방어하는 식으로 게임이 진행된다. 이렇게 촉발된 경쟁심이 과금을 일으키는 동력이다. 경쟁에서 이기기 위해 끊임없이 좋은 아이템을 갈구하는 리니지의 '공성전' 시스템을 연상시킨다. 유저들은 애착을 갖게 된 자신의 마을을 지키고, 경쟁에서 이기기 위해 하루에도 몇 번씩 에너지를 구매한다. 독일에서는 이 게임을 청소년들에게 서비스하지 않고 있다. 게임 속 슬롯머신 때문에 자국 청소년들이 사행성에 노출된다는 이유에서다. 그렇다고 이 게임의 장르를 카지노 게임이라 할 수 있을까? 그렇게 특징짓기는 어렵다. 게임의 본질이 유저들 사이의 침략과 경쟁이기 때문이다. 그럼에도 카지노의 농축액이라 할 수 있는 슬롯머신 장치는 게임의 과금력을 최대치로 끌어올리고 있다.

◈ '코인 마스터' 게임 플레이 화면

이 '코인 마스터'의 성공을 지켜보면서 더블유게임즈와 미투젠 같은 게임사들도 역시 카지노 요소를 녹여낸 일반 장르의 게임을 계속해서 개발해오고 있다. 이들은 2022년 자체 개발을 활용한 신작 게임 3종을 출시할 예정이며, IR 자료 중 2022년 사업 계획에 '캐주얼 게임 개발사 M&A'를 뚜렷이 적시했다. 상대적으로 자본력이 막강한 더블유게임즈는 자체 개발보다 게임사 인수를 통한 IP 확보가 유리하다고 판단했을 것이다. 그리고 더블유게임즈와 미투젠은 다른 일반 게임사에 비해 오래도록 북미지역에서 사업을 영위해왔기 때문에, 이 지역 내 네트워크가 탄탄하다는 장점이 있다.

예를 들어서 더블유게임즈가 개발한 좀비 슈팅 게임 '언데드 월드'의 경우, 자회사인 DDI를 통해 퍼블리싱을 진행했다. 퍼블리싱과 마케팅 과정을 내재화하여 수익성을 강화한 것이다. 더블유게임즈의 일반 게임 진출은 아직 시작 단계이며, 오랜 준비 끝에 (1) 2022년 상반기 슬롯머신 기반의 어드벤처 게임 '프로젝트 G', (2) 하반기 슬롯머신 기반의 캐주얼 RPG, (3) 역시 슬롯 기반의 대전 게임인 '프로젝트 N'와 '프로젝트 K'를 발표할 예정이다. 올해를 기점으로 공격적인 중소형 게임사 인수를 통해 일반 장르 게임 시장으로의 진출에 속도를 붙이겠다는 계획을 세우고 있다. 북미지역을 타깃 지역으로 삼은 만큼, 넷마블이 북미지역 게임 스튜디오 잼시티와 카밤을 인수한 것처럼 북미 신생 개발사 위주로 인수를 진행하리라고 예상된다. 앞서 '언데드 월드'는 큰 흥행을 거두지 못했지만, 이들 세 개의 프로젝트 중 한 개라도 성공한다면 종합 게임 회사로서의 평가가 반전되는 계기가 될 것이다.

미투젠은 보다 발 빠르게 움직여 전략 캐주얼 카드게임 '트라이픽스'와 '트라이픽스 팜 어드벤처'를 2018년과 2019년 각각 출시하여 성공적인 성과를 거뒀다. 출시한 지 4년이 채 되지 않았지만, '트라이픽스' 시리즈는 2021년 기준 이 회사 매출의 약 33%(330억)를 차지할 만큼 빠른 속도로 성장했다.

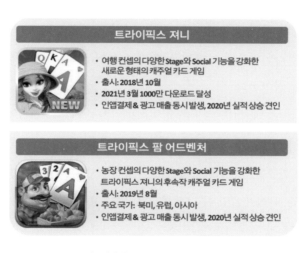

○ '트라이픽스' 시리즈 (자료; 미투젠 IR)

그리고 작년 말 지난해 인수한 소형 게임개발사 조프소프트를 통해 캐주얼 전략 배틀 게임 '포켓 배틀스'를 출시했고, 올해 글로벌 집중 마케팅을 계획하고 있다. 미투젠은 작년 웹툰, 웹소설 플랫폼인 '미툰앤노벨'을 인수했다. 2015년 설립된 미툰앤노벨은 500여 개의 IP를 보유하고 있는 데다, 현재까지 약 350만 명의 회원을 확보한 중형 플랫폼이다. 미투젠은 이들 IP를 활용한 웹드라마 제작을 추진하고 있다.

이런저런 사정을 종합해보면, 첫 번째 성장 방법론인 '정체성 변화'의 측면에서는 미투젠이 한 걸음 앞서나갔다. 중형 웹툰 플랫폼을 인수했고, 이미 출시된 캐주얼 장르 '트라이픽스' 시리즈는 누적 회원수 1,700만 명의 대흥행을 거두었을 뿐만 아니라, 인당 과금액과 매출 또한 꾸준한 증가세를 보여주고 있다. 더블유게임즈의 경우 올해 세 개의 신작 라인업을 확보했지만, 현재 상황에서 그 흥행 여부를 가늠할 수 없는 실정이다.

대신 더블유게임즈는 두 번째 성장 방법론인 카지노 장르 본업의 경쟁력을 한층 더 강화하는 쪽으로 나아가는 것 같다. 이른바 'P2E 스킬 게임'과 '아이게이밍'이 그들의 거시적인 전략 방향성이다. 소셜 카지노 산업은 슬롯머신 장르를 주축으로 성장을 거듭해왔다. 모든 도박의 장르에는 기본적으로 '운'의 요소가 들어간다. 카드 게임도 마찬가지여서, 좋은 패를 받는 것이 승리를 위한 가장 유리한 조건이다. 그리고 슬롯머신도 실력이라는 요인이 개입될 여지가 없이 오로지 '운'에 의해서만 게임 성과가 좌우되는 성향이다. 플레이어가 하는 일이라곤 그저 버튼을 계속 누르는 것뿐이니까. 반면, 포커는 국제 대회가 전 세계에 생중계되고 포커 선수단이 있을 정도로 하나의 스포츠로 인식되고 있다. 카드류의 게임은 기본적으로 '실력'이 '운' 못지않게 중요하기 때문이다. 우리가 올림픽을 통해 선수들의 노력과 닦은 기술을 알아주듯이 포커도 그 속에 다양한 책략과 심리적 전술이 녹아들어 있으므로, 스포츠 장르로도 인식이 되는 것이다.

✅ P2E 스킬 게임 (Skill-based P2E Games)

소셜 카지노 회사들은 사회적 압박을 피해야 함과 동시에 새로운 성장 동력이 필요했다. 그래서 그들이 만든 개념이 바로 'P2E 스킬 게임'이다. 사행성을 조장한다고 해서 MMORPG에서의 P2E 시스템을 비난하는 견해도 물론 있지만, 소셜 카지노 게임에 비하면 그 비난의 강도는 상대적으로 미미한 수준이다. 그 재화를 얻기까지 플레이어들의 노력과 스킬이 엄연히 필요하기 때문이다. 단순히 '운'에 의해서만 게임 머니가 오가는 소셜 카지노 게임과 명백히 구분된다는 얘기다. 그래서 각 회사는 슬롯머신 게임 운영 외 보드게임 판에 유저 두 명이 과금을 거쳐 게임 머니로 입장료를 내고 승부에 돌입하면 승자가 이 입장료를 차지하는 식의 게임 유형을 개발하기 시작했다. 실력이라는 요소를 게임에 도입함으로써, 그 본질을 따진다면 기존 일반 장르의 P2E 모델과 같다는 명분을 만들기 위해서다. 그리고 현재 이 P2E 스킬 게임은 북미와 유럽에서 활발하게 운영되고 있다. 사회적 분위기 또한 이를 도박이 아닌 하나의 캐주얼 게임으로 보는 추세다.

P2E 스킬 게임 시장은 최근 가파르게 성장하고 있으며 미국의 대표 P2E 스킬 게임사 스킬즈(Skiliz)는 지난해 3분기까지 유저 입장료 총합(GMV)으로 18억 달러(약 2조 원)를 기록했다. 이는 전년 동기 대비 58% 큰 폭으로 늘어난 것이다. 더블유게임즈는 이 사업 영역에 전사적 총력을 기울이고 자체 콘텐트를 이 같은 게임 형식으로 녹여낸 신작을 선보일 전망이다. 전 세계 스킬 게임 다운로드 수 중 75%가 미국에서 발생하고 있기에 이들 지역에 풍부한 마케팅 역량을 보유한 더블유게임즈는 시장에 수월하게 진입할 것으로 전망된다.

✅ 아이게이밍 (i-Gaming)

카지노 장르 본업의 경쟁력을 강화하는 두 번째 전략인 아이게이밍은 온라인 카지노를 뜻한다. 2013년 이 시장을 창시한 주체는 라스베이거스를 중심으로 오랫동안 카지노 영업을 이어온 '골든 너깃 카지노(Golden Nugget Casino)' 체인이었다. 이후 2022년 북미 온라인 스포츠 도박 1위 업체인 드래프트킹즈(DraftKings)가 골든 너깃을 인수하며 온라인 카지노 장르의 게임 외에 스포츠 베팅까지 도입하기 시작했고, 시장은 드래프트킹즈의 자본력을 바탕으로 가파르게 성장하는 상황이다. 인가를 바탕으로 카지노 환경을 온라인에 구현하되, 사행성의 강도를 대폭 낮춰 운영하는 것을 특징으로 한다. 미국은 주마다 법이 달라서 지금까지 허가를 못 얻은 지역이 많지만, 작년부터 펜실베이니아, 미시간 등 주요 거점 도시 위주로 허가가 발급되었고, 영국도 아이게이밍 사업의 조건부 운영을 허가한 상황이다. 온라인 카지노를 통한 세수 확보와 도박 사업의 양성화를 기대한 것이다.

아이게이밍은 소셜 카지노와 확연히 달라서, 도박(갬블링)으로 분류되어 영국과 미국의 라이선스를 받아야하며, 더블유게임즈는 이 라이선스를 받기 위해 준비하고 있다. 실제 카지노 환경을 모사한 만큼 온라인 카지노 또한 슬롯머신 장르가 큰 비중을 차지하고 있기 때문에, 세계 4위 슬롯머신 사업자로서의 더블유게임즈가 가진 역량이 두드러질 것으로 생각된다. 미국 투자금융 회사 파이퍼 샌들러(Piper Sandler)의 애널리스트 융 킴은 투자전문지 배런스(Barron's)에 실린 칼럼에서, 향후 온라인 도박 시장은 실제 카지노 사업의 규모를 넘어선 490억 달러까지 커질 가능성이 크다고 전망했다.

더블유게임즈가 아이게이밍 시장에 본격적으로 진입하기 위해서는 1년이 넘는 시간이 추가로 소요될 것으로 보여, 미국 자회사 DDI를 통해 라이선스를 받아 사업을 영위할 것으로 전망된다. 직접 이 사업에 뛰어드는 방법 외에도, 이들 사업자에게 자체 개발한 슬롯머신 콘텐트를 제공하는 방식으로 간접 진출하는 방안도 검토 중인 것으로 알려져 있다. 드래프트킹즈는 뉴욕주 게임 위원회로부터 인가를 받아

2022년 1월부터 스포츠 베팅 접수를 시작하였는데, 최초 9일 동안 1억 3천만 달러의 베팅 금액을 접수했으며, 시저스(Caesars Entertainment)라는 또 다른 업체는 첫 9일 동안 2억 5천만 달러의 접수 금액을 기록함으로써 시장의 폭발력을 여과 없이 증명해냈다. 미국 게임 협회는 2022년 1월 현재 국내 30개 주와 워싱턴D.C.가 스포츠 베팅을 합법화했다고 공개했다. 아이게이밍 시장이 본격적으로 시작된 지는 2년이 채 되지 않으며 그 속에 무궁무진한 기회들이 여전히 도사리고 있는 것이다. 장기적 관점에서 이는 더블유게임즈의 가장 강력한 모멘텀이 될 것으로 예상된다. 이렇듯 미투젠은 본업 외 영역으로 확장을, 더블유게임즈는 본업의 경쟁력을 더욱 강화하는 방식에 중점을 두고 전략 방향을 설정한 것이다.

자, 지금까지 논의한 내용을 정리하자면 다음과 같다. 소셜 카지노 게임 산업은 고속 성장하고 있으며, 넷마블과 더블유게임즈가 이들 사업 영역에서 각각 세계 3위, 4위를 기록하고 있다. 이러한 시장 잠재력에 발맞춰 위메이드, 카카오게임즈와 전통 웹보드 업계 강자 넷마블과 NHN 또한 이 영역으로의 신규 진출을 꾀하고 있다. 그리고 미투젠으로 말하자면, 소셜 카지노 게임 강소 기업으로 해마다 400억 원이 넘는 영업이익을 기록해오고 있다. 다만, 이 기업의 시가총액은 2022년 3월 기준 3,000억 원을 밑돌고 있다. 더블유게임즈와 미투젠의 PER은 8배 수준으로 이들이 내는 실적에 비해 극심한 저평가가 지금도 이어지고

● 더블유게임즈의 2022년도 사업계획 중 아이게이밍 부분 (자료; 더블유게임즈 IR>

있는 모습이다. 2022년 한 해 국내 게임 기업들의 실적 폭증이 이루어 지면서, 게임주 전반에 대한 재평가와 함께 소셜 카지노 게임사의 경쟁력 또한 수면 위로 드러날 것이다. 이후 이들의 PER 밴드가 15배 이상으로 상승할 가능성이 크다. 이들은 그 위에 덧붙여 새로운 모멘텀을 함께 발굴하는 상황이다. 예컨대 미투젠은 웹툰 플랫폼을 인수하고, 캐주얼 게임을 꾸준하게 출시하는 방식으로 종합 게임사로서의 리포지셔닝을 추구하고 있다. 더블유게임즈도 해외 스튜디오 인수와 자체 개발을 통해 신작 게임을 계속 출시할 예정이지만, 카지노 본연의 사업 모델을 통한 성장에 방점을 두고 있다. 산업 자체의 잠재력과 이들이 가진 여러 가지 모멘텀을 분석해보았을 때, 이들의 저평가 국면은 2022년을 기점으로 해소될 가능성이 크다.

메타버스

최근 메타버스라는 화두가 국내 증시를 뜨겁게 달구고 있다. 그것도 잠시 유행처럼 번지다가 사라지는 한때의 추세가 아니라, 모든 산업 분야를 근간부터 뒤흔들어놓을 수 있는 '게임 체인징 콘셉트'로서의 화두일 가능성이 농후하다. 그래서 IT 계열 회사들은 너나 할 것 없이 사업 목적에 메타버스를 추가하면서, 다가올 거대한 변화를 준비하고 있는 듯 혹은 주가 부양을 꿈꾸는 듯 보인다.

메타버스는 1992년 미국 SF 작가 닐 스티븐슨(Neal Stephenson)의 소설 〈스노 크래시(Snow Crash)〉에 처음 등장한 개념으로, 간단히 말해 가상의 공간에서 사회, 경제, 문화 활동이 이루어지는 것을 말한다. 가령 MMORPG 게임 속에서 유저들은 다른 유저들과 상호작용하며 그 나름의 세계관 속에서 각자의 역할을 수행한다. 그렇다면 이 게임은 왜 메타버스에 속하지 않는 것일까? 그 이유를 생각해보자. 유저들 한 사람 한 사람이 상호작용하긴 하지만, 그들은 상호소통이 아닌 캐릭터의 '육성'에 초점을 두기 때문이다. 즉, 사회적인 또는 문화적인 활동이 일어난다고 보기 힘든 것이다. 하지만 이걸 거꾸로 본다면 어떤 얘기가 될까? 매력적인 가상 공간을 디자인해서 사람들을 모아 소통이라는 요소만 강화한다면 사회 활동과 문화 활동은 저절로 일어나는 것이므로, 게임 회사야말로 메타버스로 사업을 확장하기에 두 번째로 최적화된 산업군이라고 볼 수 있지 않겠는가. 게임 회사는 오랜 기간 그래픽 구현 능력과 가상 공간의 운영 능력을 쌓아온 터이니 말이다.

로블록스, '포트나이트'의 에픽 게임즈, '마인크래프트'의 모장 스튜디오(Mojang Studio) 등이 메타버스 선도 기업으로 꼽히고 있는 것도 바로 이런 이유에서다. '로블록스'는 2004년 데이비드 바수츠키와 에릭 카셀이 설립한 로블록스 코퍼레이션(Roblox Corporation)에서 만든 게임이다. '로블록스'에서는 유료 결제를 통해 주로 얻을 수 있는 '로벅스'라는 화폐가 통용되고 있으며 유저들은 '로블록스' 플랫폼을 활용하여 게임 속 게임을 제작하거나 캐릭터 의상을 판매하여 로벅스를 얻고 이를 자체 프로그램을 통해 현금으로 수익화할 수 있다. 현재까지 '로벅스'는 블록체인 기술이 도입된 기타 가상화폐와는 달라서, 회사 차원에서 정산하여 개발자의 계좌로 입금해주는 방식을 취하고 있다. 이러한 경제적 유인 덕분에 개발자들은 게임과 의상을 개발하여 플랫폼의 생태계를 다양화하는 데 힘을 실어주고 있다. 이처럼 이용자가 게임 안에 또 다른 게임을 만드는 형태의 게임을 '샌드박스 게임'이라 한다. 샌드박스는 직역하면 모래 상자, 그러니까, 아이들이 모래를 만지는 놀이터를 상징한다. 어린아이가 놀이터에서 자유롭게 모래성을 지으면서 놀 듯이, 유저들이 생태계 안에서 창작자가 되도록 장려하는 것이다.

'마인크래프트'와 '포트나이트' 역시 샌드박스 게임으로 분류된다. 넥슨 또한 업계 리더답게 국내 최초로 글로벌 시장을 타깃으로 한 샌드박스 게임 '프로젝트 MOD'를 개발했고 지금 상용화 단계에 와 있다. '프로젝트 MOD'는 '메이플 스토리'의 IP를 활용한 메타버스 게임으로, 자체 개발한 툴을 활용하여 유저들은 간편하게 게임 속 게임을 제작할 수 있다. 에픽 게임즈가 2018년 출시한 '포트나이트'는 처음엔 3인칭 PC 슈팅 게임으로 시작했다. 그러나 그 게임 속에 '파티 로얄'이라 불리는 공간이 있었는데, 그 공간 안에서는 유저들이 전쟁을 하지 못하게 되어 있었다. 미국의 10대들은 캐릭터가 죽을 위험이 없는 이 공간에서 적극적으로 소통하기 시작했다. 여기서 기회를 발견한 에픽 게임즈는 배틀 로얄 안에 거대한 가상의 모니터를 놓고 젊은 이용자들이 콘서트를 즐기도록 했다. 2019년 DJ 마시멜로의 가상 콘서트를 시작으로 회사는 점차 이러한 콘텐트를 강화해갔다. 동시에 유저들이 직접 미니게임을 개발할 수 있도록 조치했다.

미국의 Z세대들은 게임보다는 개발사가 그 안에다 마련한 콘서트와 영화를 감상하는 데 더 열광했고, 그로 인해 배틀 로얄을 시작으로 게임 전체가 소통을 위한 플랫폼으로서의 기능을 떨치기 시작했다. 2020년 4월에는 래퍼 트래비스 스캇의 콘서트가 열렸는데, 동시접속자 수는 무려 1,230만 명에 이르렀다. 그뿐인가, 공연 중 아티스트가 입은 의상을 한정판으로 게임 안에서 판매했더니 순식간에 매진되었다. 이후 2020년에는 BTS의 히트곡 '다이너마이트'의 안무 버전 뮤직비디오가 배틀 로얄을 통해 처음 공개되면서, 국내 시장에도 포트나이트가 본격적으로 소개되기 시작한다. 이 같은 사례들을 종합해볼 때, 메타버스 영역으로의 진출에 있어서 게임 회사들은 다른 산업군에 비해 단연코 크나큰 장점을 갖고 있음을 알 수 있다. 그동안 그들이 쌓은 역량을 지렛대 삼아 다양한 게임을 메타버스화할 수 있기 때문이다.

자, 그런데 나는 앞서 게임 산업을 메타버스 산업으로 진출하기에 유리한 '두 번째' 기업이라고 서술했다. 그렇다면 첫 번째는 어떤 회사들일까? 바로 플랫폼 사업자들이다. 시가총액을 기준으로 하여 미국 기업들을 줄 세워보면 애플, 마이크로소프트, 알파벳(구글), 아마존닷컴 순서로 서게 된다. 그리고 이들은 모두 '플랫폼' 기업이라는 공통점을 갖고 있다. 애플이 플랫폼 기업인가? 고개를 갸우뚱할 수도 있지만, 애플 매출의 상당 부분이 자체 iOS 마켓을 통해 발생하기 때문에, 얼마든지 플랫폼 기업으로 분류할 수 있다. 마이크로소프트 또한 자체 클라우드 플랫폼을 통해 막대한 수익을 누리고 있지 않은가. 특히 애플의 게임 부문 영업이익은 약 10조 원 수준으로, 마이크로소프트의 엑스박스, 소니의 플레이스테이션, 닌텐도, 최대 게임개발사 블리저드의 영업이익을 모두 합친 것보다도 많다. 위의 회사들은 모두 플랫폼 기업이자 세계에서 가장 자본력이 막강한 기업이며, 모두 게임 산업에 진출했다는 공통점이 있다. 아마존은 자체 상거래 플랫폼의 매력도를 높이기 위해 유료 회원을 대상으로 게임 무료 구독 서비스를 선보이면서 자체 게임을 출시하는가 하면, 게임 퍼블리싱 사업에도 본격적으로 진출했다. 또한, 세계 최대 게임 스트리밍 플랫폼 트위치(Twitch)를 자회사로 두고 있다.

마이크로소프트는 세계 최대 규모의 게임 개발사인 액티비전 블리저드를 82조 원에 인수했고, 앞서 언급한 메타버스 게임 '마인크래프트'의 제작사 모장을 이미 2014년에 약 3조 원으로 인수했다. 마이크로소프트의 시가총액은 2022월 5월 6일 기준 약 2,610조 원에 육박한다. 이제 메타버스 산업에서 빅 테크 기업이 가진 압도적인 경쟁력이 무엇인지 알 수 있으리라 생각한다. 그렇다, 바로 자본력이다. 그들은 그래픽 구현 능력이라든지 관련 서비스 운영 및 개발 역량은 없지만, 막강한 자본력을 이용해 전도유망한 게임사를 인수하는 방법으로 간편하게 이들을 내재화할 수 있다는 얘기다. 전 세계 게임 산업 머니게임의 중심에 있는 중국의 텐센트도 중국판 카카오톡이라 할 수 있는 '위챗'을 서비스하는 플랫폼 사업자인 동시에, '클래시 오브 클랜'의 개발사 슈퍼셀, '리그 오브 레전드'의 라이엇 게임즈에도 지분을 가진 최대주주다. 그리고 동시에 앞서 언급한 '포트나이트' 개발사 에픽 게임즈의 지분 40%를 가진 2대 주주이기도 하다.

이제 메타버스 사업은 필연적으로 빅 테크 기업들이 주도할 것이다. 그들은 이미 전 세계 모든 기업이 노력으로 따라갈 수 없는 압도적 초격차를 벌려놓았기 때문이다. 이 초격차를 통해 축적한 자본력으로 슈퍼마켓에 물건 고르듯이 가능성이 보이는 기업들을 속속 사들여 내재화하고 있다. IT산업은 과거와 현재에 그랬듯이, 미래에도 그들이 디자인한 방향대로 흘러갈 것이다. 이미 운동장은 기울어졌고, 달걀 몇 개 던져봤자 깨지지 않는 바윗덩어리다.

인스타그램을 거느린 페이스북은 최근 회사 이름을 '메타'로 바꾸었다. 메타버스를 상징하는 바로 그 '메타'다. 메타버스 산업을 향한 저커버그의 포부를 읽을 수 있다. 그리고는 VR 디바이스 제작사 오큘러스를 시작으로 VR 콘텐트 제작사와 관련 기술을 추구하는 스타트업을 연이어 사들이고 있다. 10년 정도의 장기적 관점에서 바라보면, 메타버스의 무대는 결국 가상현실(VR)이 될 것이다. 왜 페이스북이 메타버스 시장에서 유리한지를 생각해보라. 공룡급의 그 자본력도 자본력이거니와, 다름 아닌 '손님을 끌어들이는 힘', 즉, 집객력이 커다란 요소일 것이다. 메타버스가 제대로 가동하려면 기본적으로 사람이 많이 모여야 한다. 사람의 수가 많아질수록 문화는 빠르게 형성되며, 경제는 쉽게 활성화된다. 매일 5억 명 이상의 사람들이 페이스북의 자회사 인스타그램에 접속한다. 이에 비해 게임은 어떨까? 최대 게임 플랫폼 스팀에서 역대 동시접속자 수 1위라고 하는 게임 '배틀그라운드'의 동시접속자 수는 '고작' 330만 명이다. 비교 불능이다. 비주얼 구현 능력과 가상 공간 운영 역량쯤이야, 막강 자본력을 통해 내재화하면 되고, 이미 상당 부분 내재화되었다. 그러나 플랫폼 기업이 가진 수억 명의 유저 풀은 절대로 게임사가 내재화할 수 없는 강력한 자원이다. 국내 최대 플랫폼 기업 네이버가 운영하는 '제페토'의 가입자 수가 최근 3억 명을 넘어섰다. 네이버와 라인의 강력한 유저 네트워크가 있었기에 단시간에 이런 성장을 할 수 있었다. 결국, 같은 결론의 반복이다. 앞으로의 메타버스 시장은 플랫폼 기업을 중심으로 형성될 것이다.

그렇다면, 국내 게임사들은 앞으로 밀려올 거대한 파도를 타는 데 주도적인 역할을 맡을 수는 없을까? 아마도 없을 것이다. 그러나 오히려 그 반대 방향을 봐야 할 것이다. 메타버스를 이끄는 중심의 자리는 플랫폼 기업들에 내주지만, 그 바로 옆에는 게임사들이 있어야 하니까.

컨설팅기업 프라이스 워터하우스 쿠퍼에 따르면 2030년 메타버스 시장은 1,820조 원 규모로 성장할 것이라 한다. 이들이 형성해나갈 방대한 밸류 체인의 작은 한 부분만 차지한다 해도, 게임 산업의 규모는 2배 이상 커질 수 있을 테다. 그 정도로 파이 자체가 크고 시장 성장성이 가파르기 때문이다. 전 세계적으로 압도적인 점유율을 가진 새로운 메타버스 플랫폼은 빅테크 기업의 차지가 될 것이다. 그러나 문화 특화 메타버스, 업무 협업 특화 메타버스, 소셜 카지노 특화 메타버스 등 다양한 '니치(niche) 메타버스'도 동시에 생겨날 것이며 이러한 영역은 결국 게임사의 차지가 될 가능성이 크다.

예를 들어 엔씨소프트 자회사 클랩의 K-팝 팬덤 플랫폼인 '유니버스'는 2021년 말 글로벌 다운로드 2,100만 명을 돌파했다. 엔씨소프트는 이 '유니버스'를 3차원 오픈 월드 환경에 옮겨 메타버스 생태계를 조성하려는 야심 찬 계획을 세우고 있다. 엔씨 측은 이 새롭게 조성될 환경에 실사에 가까운 3D를 구현할 것이라 밝혔다. 사실 엔씨소프트는 2013년 '포트나이트'가 출시되기 전에 이미 '아이온' 게임 속에서 아이유의 온라인 콘서트를 진행한 바도 있었다. 가상환경 내 콘텐트의 결합을 일찌감치 생각해둔 것이다. 펄어비스도 2023년 신작 '도깨비'를 통해 자신들만의 특색 있는 메타버스 환경을 선보일 계획이다. 미투젠의 모회사 미투온은 가상현실 카지노 게임을 계속해서 개발하고 있으며, 이에 대한 다수의 IP를 보유하고 있다. 넷마블 또한 최근 메타버스 엔터테인먼트라는 자회사를 설립하여 메타버스 플랫폼 개발을 이어가고 있다. 이들 플랫폼은 비록 세계 메타버스 산업의 주류가 되지는 못하더라도 특유의 그래픽과 게임성을 토대로 거대한 메타버스 영토 안에서 일정 부분 역할을 담당할 것으로 보인다.

그리고 현 상황에서 가장 완성도 높은 메타버스 플랫폼을 내놓은 게임사는 바로 컴투스다. 컴투스는 2022년에 '컴투버스'라는 업무 협업 특화 플랫폼을 내놓았는데, 이 가상공간 안에 다양한 금융 서비스를 도입하기 위해서 이미 하나금융그룹과 MOU를 체결해놓은 상태다. 이를 통해 가상공간 안에서 화상 채팅을 통한 대출 상담까지도 가능하게 될 것이라 한다. 또한, 원격의료 플랫폼 1위 기업 닥터나우와 협업하여 메타버스 내부에서의 원격의료도 가능해질 것이다. '컴투버스'는 가상의 사무 공간인 '오피스 월드'를 주축으로 쇼핑, 의료, 금융 서비스 등을 이용하는 '커머셜 월드', 게임, 음악, 영화, 공연을 즐기는 '테마파크 월드', 소통과 공유에 주력을 둔 '커뮤니티 월드' 등으로 조성된다. 2022년 여름 컴투스 그룹사 직원 2,000여 명과 위지윅스튜디오 500여 명이 먼저 입주를 시작하고, 2023년 초부터 다른 기업들을 입점시킬 계획이다.

현재 가상 오피스 분야에서 두각을 드러내고 있는 기업은 다름 아닌 부동산 중개 플랫폼 직방이다. 직방은 이미 2021년 7월부터 전 직원 360여 명이 각자의 가상 오피스 플랫폼인 '메타폴리스'로 출근 중이다. 회사는 쏘마를 가동하면서 본사로 쓰던 사무실까지 폐쇄했다. 그리고 최근 식품기업 아워홈이 '메타폴리스'에 입점했으며, 추후 정식 글로벌 론칭을 통해 다양한 입점사를 모집할 계획이다. 다만 '메타폴리스'는 코로나로 인한 완전 원격 근무 체계를 위해 단기간에 내놓은 서비스로, 오랜 시간을 두고 준비한 컴투스의 '컴투버스'에 비해 서비스 완성도는 미흡하다. 그래픽과 운영이라는 점에서도 충분한 시간을 두고 역량을 쌓아온 '컴투버스'를 따라가기는 어려울 것 같다. 국내에서 '메타폴리스' 이후 최초로 시도되는 메타버스 가상 오피스 플랫폼이 바로 '컴투버스'이며, 전 세계적으로 봐도 영향력 있는 업무 특화 메타버스는 아직 없는 상황이다. 만약 '컴투버스'의 글로벌 출시가 성공적으로 이루어진다면, 국내 게임사 중 메타버스 가상 오피스 시장의 선도적 지위를 점할 수 있다고 말해도 과언이 아닐 것이다. 협업 툴 시장에 관해서는 미국 시장조사업체 마케츠앤마케츠(MarketsandMarkets Research)가 전망한 수치가 있다. 전 세계 협업 툴 시장 규모가 2021년의 472억 달러(약 56조 원)에서 연평균 12.7%씩 성장해 오는 2026년에는 858억 달러(약 103조 원)로 성장할 것이라고 내다봤다. 현재 업무 협업 툴 시장은 웹과 앱 위 텍스트 기반으로 형성되어 있고, 컴투스는 3D 기반 협업 툴 분야에 유례없이 일찍 뛰어들었다. '컴투버스'가 이들 시장의 새로운 표준으로 작동할 때 얻을 수 있는 경제적 파급효과는 결코 작지 않을 것이다. 이렇듯 특수화 메타버스 플랫폼 시장에 각 게임 기업은 적극적으로 뛰어들고 있고 이들 중 일부는 거대한 성공을 거둘 것으로 예상된다.

게임 기업의 핵심 경쟁력은 바로 그래픽 구현 능력이다. 현재 '제페토', '로블록스' 등 메타버스 플랫폼의 아바타는 4등신의 캐릭터로 만들어져 있다. 그러나 산업이 커지면서 이들은 자기 플랫폼의 몰입도를 더하기 위해 갈수록 그래픽을 고도화시켜나갈 것이다. 그리고 그 속의 아바타는 실제 인간과 분간이 안 될 정도로 생동감 있는 인간의 모습을 하고 있을 것이다. 이를 우리는 '메타 휴먼'이라 부른다.

메타버스의 궁극적인 지향점은 현실과 가상의 구분을 없애는 것이다. 그러기 위해선 필연적으로 그 속의 그래픽이 가장 먼저 바뀔 것이다. 게임사들은 저마다 이 부분에 있어 가장 최적화된 역량을 갖추고 있다. 그리고 대형 게임사들은 거의 모두 이 메타 휴먼 프로젝트에 사활을 걸고 있다. 메타 휴먼에 관련된 원천 기술은 메타버스 세계가 고도화될수록 그 가치가 비약적으로 올라갈 것이다. 2025년까지 메타 휴먼 시장은 약 14조 원 규모까지 성장할 전망이다.

메타 휴먼 프로젝트는 크게 두 가지 방향으로 발전하게 될 것이다. (1) 최대한 인간에 가까운 외형을 하고, 인간과 비슷한 표정과 동작을 하게끔 그래픽 기술을 발전시키는 '묘사'의 방향, 그리고 (2) 구현된 메타 휴먼을 인플루언서나 가수로 키우는 '콘텐트 제작'의 방향. 에픽 게임즈는 2021년 메타 휴먼을 간편하게 제작할 수 있는, '메타 휴먼 크리에이터'라는 도구(툴)를 상용화했다. 메타 휴먼 크리에이터는 몇 개월씩 소요되던 메타 휴먼 제작 시간을 불과 한 시간 미만으로 줄이는 데 성공했다. 에픽 게임즈는 '포트나이트'에 이어 메타버스 게임 시장의 선두 지위를 점유하기 위해 관련 원천 기술에 집중적으로 투자하고 있다. 다만, 메타 휴먼 크리에이터는 캐릭터의 외양을 묘사하는 데 중점을 두고 있어서, 동작과 표정 등 동적 요소에 있어선 미흡한 부분이 많아 아직 시장의 표준으로 작용하고 있지는 않다.

엔씨소프트 김택진 대표는 2020년 일찍이 메타 휴먼의 동적 요소에 방점을 두며 이렇게 말했다. "게임과 같은 미래 문화 산업이 디지털 액터(digital actor) 기술에 의해 쌓아 올려질 것이다. 우리 산업은 기술적으로 정의할 때 디지털 액터(배우)를 만드는 산업이다. 기술적 요인은 게임 내 캐릭터만을 만드는 것이 아니라 디지털로 연기할 수 있는 액터를 만드는 것이다. 디지털 시대에는 영화나 드라마, 심지어 아이돌까지도 디지털 액터의 연기에 의해 만들어지게 될 것이다."

이처럼 인간과 최대한 유사하고 표현하고 행동하는 메타 휴먼 원천 기술을 보유하고 있는 게임사는 그 기술을 콘텐트 회사와 메타버스 플랫폼 기업에 제공하고 로열티를 거두어들이는 식으로 막대한 이익을 얻을 수 있을 것이다. 제일 먼저 이 시장에 뛰어든 스마일게이트의 메타 휴먼 '한유아'는 얼마 전 'I Like That'이라는 음원의 뮤직비디오를 공개했고, 실제로 한유아는 YG케이플러스와 전속 계약을(!) 맺기도 했다. 넷마블은 자회사 메타버스 엔터테인먼트를 통해 연내 가상 아이돌의 데뷔를 준비하고 있다. 엔씨소프트 또한 디지털 유명인(셀레브리티)을 개발하는 중이고, 관련 콘텐트를 꾸준히 개발하여 '유니버스'에 입점시킬 장기적 계획을 세우고 있다. 크래프톤의 경우, 메타 휴먼 인플루언서를 키우기보다 기술력에 초점을 두어 극사실적 수준의 버츄얼 휴먼 원천 기술을 개발하는 데 중점을 두고 있다. 현재 크래프톤이 공개한 버츄얼 휴먼의 데모 영상을 보면 동공의 움직임과 피부의 솜털, 잔머리까지도 세밀하게 구현되어 있다. 펄어비스는 유명인을 기반으로 디지털 아바타를 제작하는 북미 메타버스 엔터테인먼트 기업 하이퍼리얼(Hyperreal)에 투자를 단행했다. 특히 펄어비스는 국내 게임사 중 유일하게 자체 게임 엔진을 보유하고 있어, 앞으로 이를 메타버스 플랫폼에 최적화시켜 기술을 수출하는 방식의 사업을 영위할 것으로 보인다.

그런가 하면, 카카오게임즈는 계열사 넵튠을 통해 디지털 휴먼 아이돌의 데뷔를 계획하고 있다. 넵튠은 지난 2020년 디지털 휴먼 '수아' 제작사 온마인드에 지분투자를 결정했고, 2021년엔 디지털 아이돌 제작사 딥스튜디오와 펄스나인에 대한 지분투자도 단행했다. 카카오가 플랫폼 사업자로서 카카오톡과 연계된 대형 메타버스 플랫폼을 3년

이내 출시하고, 이곳에 카카오게임즈가 기술을 수출하는 방식으로 사업이 펼쳐질 가능성이 크다. 이를 통해 장기적 관점에서 카카오 계열사로서의 이점을 톡톡히 누릴 수 있으리라 예상된다.

　　메타버스 시장은 그 어떤 분야보다 가파르게 성장할 것이다. 틀림없다. 그럼, 이 영역에서는 어떤 기업이 가장 유리할까? 자본력과 집객의 힘(사람들을 끌어모으는 능력)을 갖춘 플랫폼 사업자다. 게임사는 기술이라는 측면에서만큼은 분명히 메타버스에 가장 최적화되어있지만, 플랫폼 기업은 그러한 게임사들을 인수하는 방식으로 기술이라는 요소를 짧은 시간 안에 내재화하고 있다. 플랫폼 빅 테크 기업들의 게임사 인수는 장기적 관점에서도 더욱 활발해질 전망이다. 그럼에도 불구하고 메타버스 산업 규모 자체가 2030년까지 1,800조 원 수준까지 성장함에 따라, 그 중심에는 플랫폼 사업자가 자리하고 그 옆에는 게임사가 있을 것이다. 상상 속에 머물렀던 가상현실을 현실의 그래픽으로 재탄생시키는 일을 가장 잘하는 기업이 바로 게임사이기 때문이다. 게임사는 특화 메타버스 플랫폼을 출시함과 동시에, 메타 휴먼 기술을 다양한 기업들에 판매할 것이다. 그리고, 그 기술력을 바탕으로 가상 인간을 인플루언서로 만들어 콘텐트 사업에도 활발히 진출할 것이다. 이것은 그저 예측이 아니라, 지금, 이 순간에도 가시화되고 있다. 가상 아이돌은 진짜 인간과 달라서, 늙지도 않고 구설수에 휘둘리는 일도 없으며, 휴식조차 필요 없어서 무궁무진의 스케줄을 소화해낼 수 있다. 메타버스는 거부할 수 없는 시대의 변화이며 플랫폼, 게임, 콘텐트 세 사업자의 결합을 부추기는 촉매제 역할을 할 것이다.

블록체인 생태계 조성

대형 게임사들은 각각 자체 암호화폐를 출시하거나 출시할 예정이다. 이에 첫발을 뗀 기업은 위메이드이지만, 앞으로 누가 생태계의 최강자가 될지는 아직 가늠하기 힘든 상황이다. 각 게임사는 자체 코인을 발행하여 이들을 게임 속에 녹여냄으로써 자체 화폐의 범용성을 키울 것이다.

현재 게임사의 블록체인 생태계 조성은 중세 시대 각 나라의 영토 확장 전략과 비슷하다. 땅따먹기하듯 자신들의 게임 외 다른 중소형 게임사의 게임들을 자신들의 플랫폼에 섭외하기 위한 노력을 계속하고 있다. 화폐의 가치란 결국 그것이 얼마나 넓게 사용될 수 있느냐에 달렸다. 그렇기 때문에 그들은 계속해서 플랫폼 속 게임의 '양'을 늘리기 위해 노력하는 것이다. 덩치가 작은 게임사의 경우 대형 게임사의 플랫폼에 입점함으로써 마케팅 효과와 자금 수혈을 기대할 수 있다. 또한, P2E나 NFT 관련 기술을 지원받아 손쉽게 이들 영역에 진출할 수 있다는 이점도 있다. 이렇게 각각의 이해관계가 맞아떨어져 게임사 간의 결합과 협업은 더욱 활발하게 이루어질 것이다. 중세 유럽의 강국들이 보호해준다는 명목 아래 주변국을 회유하여 세력범위를 넓힌 것과 비슷하지 않은가.

국내 게임사 중 이미 블록체인 생태계 조성에 첫발을 뗀 위메이드의 경우를 보자. 그들은 앞으로 추격해올 넷마블, 컴투스, 카카오게임즈 등 후발주자와의 격차를 벌리기 위해 최대한 많은 게임을 위믹스에 올리기 위한 활발한 움직임을 보여주고 있다. 그렇게 하여 현재 위메이드와 MOU를 체결한 게임사는 위메이드 플레이, 룽투코리아, 갈라게임즈, NHN, 조이시티, 액션스퀘어, 에이엔게임즈, 엔젤게임즈, 웹젠, 선데이토즈, MC게임즈, 블루포션게임즈, NHN빅풋 등, 이미 24개를 넘어섰다. 위메이드는 올해 말까지 '위믹스' 플랫폼 안에 100개 이상의 게임을 입점시키는 것을 목표로 하여 뛰고 있다. 이들 중 어떤 게임이 흥행할지는 예단할 수 없지만, 그 가운데 단 하나라도 슈퍼 흥행을 달성하게 된다면 더 많은 이용자들이 그 게임을 즐기기 위해 블록체인 플랫폼에 접속하고, 이를 통해 거기 입점한 다른 게임까지 자연히 노출되는 효과를 얻을 수 있다. 결국, 모두가 하나의 연합군처럼 작용하고 있다는 뜻이며, 그 안에서의 회사 간 인수와 합병은 더욱 활발하게 일어날 것이다.

블록체인 생태계를 조성한 대형 게임사들이 각각 보유한 가상화폐의 범용성이 올라갈수록, 코인 거래소에 상장된 그 화폐의 가치는 더 올라가 그의 매각을 통해 막대한 현금을 챙길 수 있다. 실제로 위메이드는 2021년 위믹스를 거래소에 매각하여 현금 2,255억 원을 챙겼다. 그리고 회계상 이를 매출로 처리해버렸다. 이후 일각에서 가상화폐를 이용하여 매출을 뻥튀기했다는 비난이 커지자, 22년 3월 16일 정정공시를 내어 이를 매출에서 제외하고 대신 선수수익으로 회계 처리하였다. 위메이드 스스로 한국회계기준원에 질의 회신을 요청했고, 회계기준원과 삼정 KPMG(회계감사법인)가 이를 논의한 끝에 위믹스 매각분을 매출이 아니라 선수수익으로 인식하는 것이 옳다고 판단한 것이다.

참고로 선수수익이란 미리 현금을 받았지만 아직 수익으로 인식할 수 없는 돈을 가리킨다. 그래서 회계상 부채로 분류된다. 선수수익 계정은 백화점이 발행한 상품권처럼 발행 당시는 그 상품권에 해당하는 재화나 서비스를 제공해야 하는 의무가 있기에 부채로 인식시켰다가, 상품권을 실제로 사용하게 되면 부채를 삭감하면서 이를 매출로 인식한다. 이와 똑같은 논리로 위믹스를 매각하게 되면 이를 정확히 어느 시점에 수익으로 귀속시킬 것인지는 아직 확정되지 않는 것이다. 이에 대한 회계업계의 기준이 마련되면 차후 그에 맞춰 수익을 인식할 것으로 보인다.

그 외에도 고려할 점이 있다. 위믹스 플랫폼에 입점해 있는(on board) 다른 게임들에서 발생하는 거래수수료를 위메이드가 매출로 인식하기로 확정했다는 점이다. 위믹스를 매각한 시점에서 위메이드의 의무가 이행되었다고 보아야 할지, 아직 미이행으로 남아있다고 보아야 할지, 회계업계의 견해가 정립되지 않아서 생긴 일종의 해프닝이다. 이후 장현국 의장은 보란 듯이 회계기준원 위원인 한승수 교수를 사외이사로 영입시켜, 앞으로 회계의 기준이라는 점에서도 투명성을 향한 노력을 기울이겠노라고 대외적으로 공표했다.

그리고 여기서 잊지 말아야 할 가장 중요한 사실이 있다. 선수수익이냐 매출이냐의 여부에 상관없이 코인의 매각대금은 어쨌거나 현금이 들어온 것이라는 점이다. 설사 회계상 매출에 잡히지는 않더라도, 코인 발행 당사자들은 막대한 현금을 챙기게 된다는 얘기다. 이것이 우리가 놓치기 쉬운 본 사안의 가장 본질적인 부분이다. 수십 년 만에 영업 수익, 주식 매각, 대출 등 전통적인 방법이 아닌 또 하나의 현금 확보 수단이 생긴 것이다. 앞으로 가상화폐 투자자들의 욕망과 맞물려 이들 게임사가 가진 현금은 더욱 양적으로 팽창할 것이다. 자체 블록체인 생태계에 다양한 게임들을 편입시켜 거기서 발생하는 매출 수수료도 물론 엄청나겠지만, 그보다 앞으로 이 '범용성'이 확장되면 확장될수록 가상화폐 투자자들의 관점에서 해당 코인의 가치가 높게 인식되어 게임사들이 가진 현금 또한 그에 비례해 증가할 것이다. 이것이 블록체인 생태계 확장의 이면에 깔린 경제적 셈법이다.

기업들이 가진 실탄이 증가하면 증가할수록 해당 현금으로 다른 게임사를 인수하는 머니 게임은 더욱 빈번하게 일어날 터이다. 요약해서 정리하자면, 우선 게임사와 MOU를 맺어 암호화폐의 범용성을 확보하고, 이 코인을 시장에 매각하여 현금을 얻고, 이 현금을 바탕으로 다른 게임사를 인수하여 자체 플랫폼에 입점시켜 범용성을 더욱 넓혀나가는 경제적 선순환의 고리가 생겨난 것이다.

현재까지 자체 코인 발행을 실질적으로 가시화한 기업은 위메이드, 넷마블, 컴투스, 카카오게임즈다. 넥슨, 크래프톤, 펄어비스 등은 암호화폐의 발행에 관한 한, 현재까지 보수적인 견해를 취하고 있다. 특히 스마일게이트의 경우, 당분간은 P2E 기술의 개발보다는 본질인 IP 경쟁력 확보에 집중한다고 공개적으로 밝힌 바 있다. 게임 기업이 성공하기 위해서는 무엇보다 사람이 몰려야 한다. 블록체인 생태계의 확장도 결국 재미있는 게임이 많이 발굴되어 사람들이 몰려들어야 가능해진다. 그리고 사람들을 모이게 만드는 것은 바로 게임이 가진 본질적 재미다. 게임 산업의 역사를 보면 유추할 수 있으려니와, 게임사를 폭발적으로 성장시켜왔던 것은 다수의 고만고만한 게임이 아니라, 오랜 노력 끝에 만든 단 하나의 탁월한 게임이다. 세계 전역에서 흥행을 거둔 하나의 게임은 수억 명이 다운로드하지만, 흥행하지 못한 수많은 신작은 100만 다운로드조차 기록하기 어렵다. 그런 것이 게임이다. 그렇지만 전혀 다른 면을 보자. 탁월한 재미만 보장된다면, 그 게임을 전 세계로 퍼뜨리는 데 드는 비용은 다른 어떤 산업보다도 훨씬 적다. 바로 그런 것이 게임 산업이다. 스마일게이트는 '크로스파이어'와 '로스트아크' 두 가지 게임으로 글로벌 거대 기업으로 거듭났다. 그래서 세계적으로 흥행할 수 있는 딱 한 개의 게임 개발에 전사적 자원을 집중한다는 뜻을 명확히 한 것이다.

그렇지만 양적 팽창이 곧 질적 팽창으로 이어진다는 말도 있다. 스마일게이트의 전략을 반대로 해석해보자. 중소형 게임사에서 개발한 게임 하나가 전 세계를 장악하는 글로벌 히트 게임이 될 수 있다는 뜻으로 받아들일 수도 있다. 그러니까, 자신의 포트폴리오 안에 더 많은 게임을 편입하면 할수록 글로벌 슈퍼 히트 게임을 발굴할 확률 또한 높아질 수도 있는 것이다. 결국, 게임사의 성공은 '재미'라는 요소를 통해 유저들을 많이 불러모으는 것에서 시작된다. 파종하듯이 널리 다양한 씨를 뿌려 그중에서 튼튼한 나무가 자라나길 바라는 것이 유리할까, 아니면 모든 자원을 하나의 묘목에 집중시켜 거대한 나무가 자라나길 바라는 것이 유리할까? 이는 물론 앞으로 지켜봐야 할 문제다. 어느 방향이 전략적으로 더 효율적일지를 현재 시점에서 가늠하긴 힘들다. 그러나 각사의 블록체인 생태계가 확장될수록 중소형 게임사들을 인수할 모멘텀은 더욱 뚜렷해진다는 사실만큼은 확실하다.

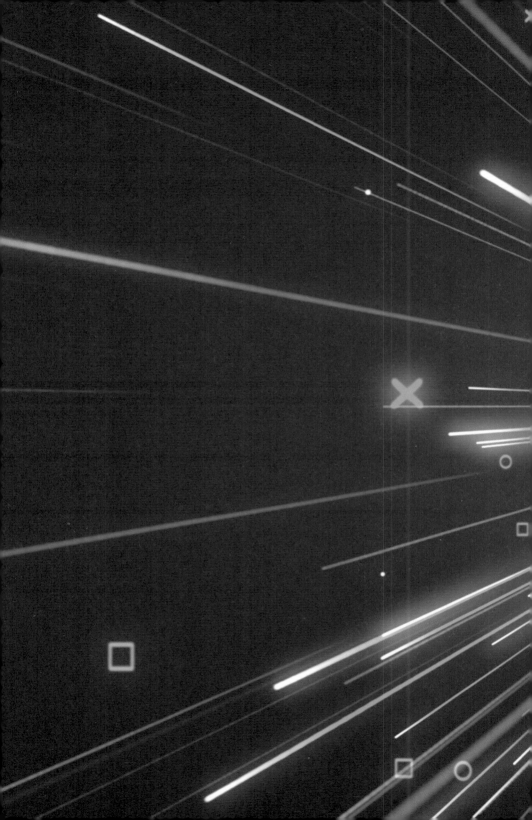

PART 6

주요 게임사 개별 분석

① 신규 라인업 점검

　게임사가 오랜 기간 공들여 만든 모바일 게임을 출시하게 되면, 즉시로 많은 유저들이 모여들게 된다. 크고 작은 오프라인 가게를 열 때도 소위 '오픈빨'이 있느니, 없느니, 하는 표현을 쓴다. 마찬가지로 게임사가 어떤 신작을 내놓으면, 이용자들은 호기심에라도 그게 어떤 게임인지 한 번 깔아보는 것이다. 그렇게 게임을 새롭게 다운로드를 받고 한두 번 플레이해본 다음, 자신의 취향과 맞지 않는다고 느낀 유저들은 서서히 빠져나갈 것이다. 그런 다음, 실제 활발히 게임을 즐기는 이른바 '핵심 유저' 혹은 '코어 유저(core users)' 위주로 접속이 이루어지게 된다. 예전에 블루홀로 불렸던 크래프톤이 출시한 '테라'는 리니지 출신 개발자들이 만든 대작이라는 점에서 수많은 게임 유저들의 관심을 끌었지만, 막상 운영에 있어서는 불안정성을 드러내며 이용자 수가 급감했다. 무슨 말을 하고 싶은가 하면, 게임사 매출의 핵심은 결국 게임에 실제로 꾸준히 과금할 수 있는 코어 유저를 얼마나 많이 보존하는가에 달려있다는 것이다.

게임의 출시와 더불어 소위 '반짝 매출'이 일어나면서 3개월 정도가 지난 다음, 앞으로 1년 이상(장기로) 게임을 이용할 코어 유저 중심의 매출이 꾸준하게 이어지게 된다. 이를 업계 용어로 '매출의 하향 안정화'라고 표현한다. 보통 게임 기업의 목표 주가를 산정할 때 어떤 방법을 쓸까? 먼저 신규 게임의 예상 매출을 전년도 매출에 더해 이를 토대로 순이익을 예측하고, 여기에다 게임업계의 평균 PER인 30배를 곱함으로써 예상 시가총액을 산출한 다음 목표 주가까지 도출해낸다. 그리고 콘솔 플랫폼이나 스팀 플랫폼에서 발매되는 게임의 경우 3만~8만원 단위의 패키지 판매를 통해 매출이 초기에 집중적으로 이루어지기 때문에, 예상 판매량을 기준으로 순이익을 추정하여 더해준다. 그래서이 두 플랫폼을 통한 게임이 흥행에 성공하면, 일시에 재무제표가 개선되는 효과가 있다. 넥슨과 크래프톤이 이에 따른 혜택을 얻을 전망이다.

IP의 신선도는 시간이 흐름에 따라 떨어질 수밖에 없다. 중국 시장에서 엠게임의 '열혈강호'가 급작스럽게 역주행했던 것 같은 예외적인 경우가 아니라면 말이다. 그렇기에 각 게임사는 종적, 횡적 확장을 통해 신선도를 유지하거나 신규 IP를 개발하려고 애쓰는 것이다. 현재 게임주의 주가는 현 상황에서의 퍼포먼스를 반영하고 있다. 그러나 컴투스의 '서머너즈 워', 데브시스터즈의 '쿠키런 킹덤', 위메이드의 '미르4'가 기업가치의 극적 반전을 이끌었듯이, 주가의 상승은 결국 신작 게임의 흥행에 달려있다고 보아도 무방하다. 그리고 2022년은 여느 해보다 파괴력 있는 신작 게임의 출시가 많은 해가 될 것이다. 그래서 우리는 게임사마다 어떤 신작 라인업을 준비하고 있는지 기민하게 살피고 이들의 성과 추이에 귀 기울여야만, 투자 기회를 발굴할 수 있을 것이다. 2022년도 주요 게임사들의 신작 라인업은 다음과 같다.

게임사	신작 출시
넥슨	• '던전 앤 파이터 모바일' (3.24) : 중국 사전예약 6,000만 명, 2022년 국내 게임사 최고 기대작 • '마비노기 모바일' : PC게임 마비노기 모바일 버전 (하반기 출시 예정) • '카트라이더 드리프트' [콘솔/PC] : 2분기 출시 예정 • '던파 듀얼' [콘솔] : 2분기 출시 예정 • '아크라이더스' [콘솔] : 자회사 엠바크 스튜디오의 AAA급 슈팅 게임 신작, 3분기 출시 예상 • '테일즈 위버 M' : PC 게임 원작, 3분기 출시 예상 • '프로젝트 D' [자회사 출시] : '서든 어택' 이후 첫 슈팅 대작 게임, 4분기 출시 예상 • '히트2' [자회사 출시] : 2016년 대한민국 게임대상, 누적 2500만 다운로드 '히트' 원작, 4분기 출시 예상 • '프로젝트 매그넘' [자회사 출시] : 루트 슈터 장르 콘솔 게임, 2021 플레이스테이션 유튜브 최다 조회 수 기록 • '프로젝트 HP' : PVP 액션 게임, 4분기 출시 예상

	• '프로젝트 ER' : 차세대 MMORPG 대작, 역대 최대 개발 인력 투입, 출시 미정 • '프로젝트 SF2' : 수집형 RPG 게임, 출시 미정
크래프톤	• '프로젝트 M' : 새로 인수한 스튜디오 언노운 월즈 AAA급 콘솔 신작 (상반기 출시 예정) • '칼리스토 프로토콜' : 자회사 스트라이킹 디스턴스의 AAA급 콘솔 신작 (하반기 출시 예정)
엔씨소프트	• '프로젝트 TL' : 창사 이래 최대 개발비 투입 초대형 MMORPG (하반기 출시 예정) • '리니지 W' (블록체인 버전) : 리뉴얼 후 유럽/북미 출시 (3분기 예정)
넷마블	상반기 • '세븐나이츠 레볼루션' : '세븐나이츠' IP 계승 모바일 게임 • '골든 브로스' : P2E 적용 캐주얼 슈팅 게임 • '넷마블 프로야구 2022' • '머지 쿵야 아일랜드' • 'BTS 드림 - 타이니탄 하우스' : 하이브와 협업하는 리듬 게임 • '제2의 나라 / A3' : 블록체인 적용 후 재출시 하반기 • '오버프라임' : 넷마블 첫 스팀 출시 슈팅 게임, CBT (비공개 테스트) 호평 • '스쿼드배틀' : 액션 배틀 게임, 스팀 출시 예정 • '모두의 마블 - 메타월드' : 부동산 기반 메타버스 플랫폼 NFT 게임 • '챔피언스 - 어센션' : 북미 자회사 잼시티 개발 RPG 배틀 게임 (P2E 적용) • '몬스터 길들이기 - 아레나' : 2013년 모바일 게임 '몬스터 길들이기' 계승 • '그랜드 크로스 W' : 글로벌 실시간 전략 게임
카카오게임즈	상반기 • '오딘 - 발할라 라이징' : 리뉴얼 후 대만 출시, 추후 글로벌 확대 • '프렌즈샷 - 누구나 골프' : 캐주얼 스포츠 게임 • '키튼 팝' : 캐주얼 퍼즐 게임 하반기 • 자회사 엑스엘게임즈 신작 : MMORPG 장르 제목 및 사양 미공개
위메이드	• '미르 M' : 2분기 출시 예정, 미르의 전설 2 계승, 일정 수준 이상 흥행 예상 • '미르 W' : MMORPG, 출시 미정

펄어비스	• '검은 사막 모바일' : 2분기 중 중국 출시, 판호 획득을 통한 직진출, 당사 최고 모멘텀 • '블랙클로버 모바일' : 동명의 일본 애니메이션 원작, 3분기 출시 예정 • '붉은 사막' : PC/콘솔 액션 게임, 4분기 출시 예상
컴투스	• '서머너즈 워 - 백년전쟁' : P2E 도입 후 글로벌 재출시, 2분기 예상 • '서머너즈 워 - 크로니클' : 글로벌 흥행작 '서머너즈 워' IP 정통 계승, 당사 최고 모멘텀, 2분기 출시 예정 • '낚시의 신 - 크루' : 3분기 출시 예정 • '워킹 데드 - 아이덴티티' : 3분기 출시 예상 • '월드 오브 제노니아' : 컴투스홀딩스의 '제노니아' IP 계승, 2분기 출시 예정
웹젠	• '썬 클래식' : 자체 IP MMORPG 게임 글로벌 출시 • '뮤 오리진 3' : 현재 국내 출시 후 흥행중, 글로벌 출시 예정
데브시스 터즈	• '세이프 하우스' : PC/콘솔 FPS 게임, 3분기 스팀을 통해 출시 예상 • '브릭시티' : 높은 자유도의 시뮬레이션 모바일 게임, 4분기 출시 예상 • '쿠키런 오븐 스매시' : '쿠키런' IP 활용 슈팅 게임, 4분기 출시 예상
조이시티	• '건쉽 배틀- 크립토 컨플릭트' : 자사 핵심 IP의 블록체인 버전 글로벌 출시 진행 중 • '킹오브파이터즈- 스트리트워' : 킹오브파이터즈 IP 이용 액션 게임, 3분기 출시 예상
엠게임	• '귀혼 M' : 자사의 핵심 IP PC게임의 모바일버전, 3분기 출시 예상 • '배틀스티드' : 메카닉 3인칭 슈팅 게임, 3분기 스팀 출시 예상 • '진열혈강호' : 열혈강호의 모바일 버전 리뉴얼 후 국내 및 동남아 출시, 3분기 예상

* 녹색으로 표시한 신작; 기업가치와 직결되는 파급력 있는 모멘텀

더 자이언트 스텝 : 리더들의 행보

✅ 넥슨 - 역사는 현재진행형

"디즈니 수준까지 넥슨을 키워 보고 싶은데 인간 수명이 길지 않다는 게 아쉽죠. 그래도 우리 세대에서 성급하게 굴지 않고 참고 가면 넥슨은 거기까지 갈 수 있을 것 같아요." - 김정주 회장

1994년 설립된 넥슨은 1996년 첫 작품이자 우리나라 온라인 게임의 효시인 '바람의 나라'를 시작으로, 업계 최초로 부분 유료화(Free to Play)라는 비즈니스 모델을 게임 시장에 선보여 국내 게임업계를 발전시키면서 산업의 선구자적 역할을 해왔다. 역사에 기록될 만한 그런 역할과 달리, 넥슨은 역설적이게도 도쿄 거래소에 상장했고, 현재 시

총 24조 원 수준을 형성하며 국내 기업 중 최대 기업으로 공고히 자리매김하고 있다. 넥슨은 작년 도쿄증권거래소 1부 상장 10주년을 맞았는데, 그 10년 동안 주가는 천천히 우상향하며 4배 정도 상승하여 시총 80조 원 규모인 닌텐도의 뒤를 이어 두 번째로 규모가 큰 게임사이다. 그리고 영업이익 기준으로는 캐논과 도시바를 앞서는 정도여서 일본 거래소의 핵심기업 중 하나로 꼽힌다.

'바람의 나라' 이후 넥슨은 2000년대 초중반 '카트라이더', '메이플스토리', '마비노기', '던전 앤 파이터', '서든어택', '피파온라인', '크레이지 아케이드' 등의 다양한 IP를 집중적으로 발굴하여 현재까지도 이를 활용하는 사업을 영위해오고 있다. 넥슨은 전 세계 190여 개국을 대상으로 게임을 출시하며 일본, 미국, 대만, 태국에 상당한 규모의 현지 법인을 두고 있는 명실상부 글로벌 기업이다. 특히 이들 중 '던전 앤 파이터'는 중국 출시 14년 차 스테디셀러로 지금도 현지에서 꾸준히 좋은 반응을 얻고 있다.

올해로 29살을 맞은 넥슨에게 2022년은 그 의미가 깊은 해다. 넥슨을 초거대기업으로 키운 김정주 회장이 세상을 떠났다. 넥슨의 아버지는 영면에 들었지만, 그가 키운 넥슨의 경쟁력이 잔뜩 응축되어 있다가 마침내 폭발하는 시점이 바로 2022년이다. 넥슨은 Next Generation Online Service의 줄여서 만들어진 이름이다. 넥슨의 시대는 현세대에서 다음 세대로 끊임없이 이전되며 끝이 아닌 새로운 시작을 앞두고 있다.

먼저 넥슨이 자랑하는 1순위 IP '던전 앤 파이터'가 모바일 플랫폼으로 재탄생하게 되어, 중국 시장을 위주로 매출 수준이 비약적으로 증가할 것이다. '던전 앤 파이터' IP의 구체적 출시 일정은 공표된 바 없지만 3D 버전인 '프로젝트 오버킬', '프로젝트 BBQ'라는 가제를 달고 두 개의 게임을 동시 개발하는 중이며, 이를 통한 전방위적인 IP 확장에 나설 계획이다. 또한, 창사 이래 처음으로 AAA급 콘솔 게임 4종을 선보이며 본격적으로 북미/유럽 지역 공략에 나선다. 그리고 18년 만에 처음으로 하반기 역대 최대 인력과 개발비가 투입된 자체 MMORPG 신작 '프로젝트 ER'을 선보인다. 이를 통해 넥슨의 다음 10년 먹거리를 만들어낼 수 있을지, 그 귀추가 주목된다. 넥슨은 3월 테마파크 건설을 사업 목적에 추가하며 장기적 관점에서 종합 콘텐트 회사로서의 방향성을 정립한 상황이다.

오언 마호니 넥슨 일본 법인 대표는 스스로 2022년을 자사 최고 기대작들이 출시되는 해라고 공언했다. 그런가 하면, 반대로 2021년은 상대적으로 중요도가 약한 '코노스바: 판타스틱 데이즈', '블루 아카이브' 이 두 가지 신작만을 보여주었는데, 이에 대한 기저효과로 2022년 실적 상승은 더욱 두드러질 전망이다. 2021년 주가 또한 연

초 3,500원 수준에서 현재 3,000원 수준으로 하락한 상황이다. 넥슨의 2021년 영업이익은 9,516억 수준으로, 전년도와 비교해 18% 마이너스 성장했다. 지금 넥슨의 PER은 23배 수준으로, 이례적인 저평가 국면에 있다. 심지어 수급 상황까지 개선되고 있다. 사우디아라비아 국부펀드가 2조 원을 들여 엔씨소프트와 넥슨의 지분을 각각 6.69%, 6%씩 매집했기 때문이다. 한국 게임의 경쟁력을 국내 기관투자자들이 아닌 해외에서 먼저 알아본 것이다. 이를 기점으로 넥슨에 대한 수급 상황도 확연히 개선되어, 실적만 받쳐준다면 주가는 큰 폭으로 상승할 것이다. 2022년의 실적은 틀림없이 작년 대비 큰 폭으로 상승할 것으로 보인다.

넥슨의 적정 밸류에이션(기업가치 평가)을 구하는 방식에는 여러 가지가 있지만, 현 영업이익인 9,516억 원에다 4개의 핵심 라인업으로 성취할 수 있는 영업이익을 더해주고, 나머지 6개의 신작은 고려하지 않은 채 영업이익 예상액을 계산해보기로 한다. 영업이익에 대한 이러한 보수적 추정치에 업종 평균 영업이익 대비 시가총액 배수 27배를 곱하여 적정 시총을 산출할 수 있을 것이다.

'던전 앤 파이터 모바일'은 중국에서만 무려 6천만 건 이상의 사전 등록을 기록했다. '던전 앤 파이터'의 글로벌 누적 이용자 수는 8억 5,000만 명, 누적 매출은 22조 원에 달한다. 그리고 2005년 PC게임으로 출시된 이후로, 2017년 자회사를 통해 '던전 앤 파이터 : 혼'을 (소수 지역에만 스팟 성격으로) 출시한 것을 빼면 이 IP를 재활용한 사례는 없었다. 그러니까, 넥슨이 가진 가장 경쟁력 있는 IP가 무려 17년 만에 제대로 된 모바일 버전으로 재탄생하는 것이다. '던전 앤 파이터'는 출시 17년이 지난 지금도 PC방 10위권 순위를 유지할 정도로 팬덤이 두텁고, 과금 요소를 갖춘 액션 RPG 장르에 속한다.

'던파 모바일'의 중국 시장 내 일간 추정 매출은 출시 직후 100억 ~300억 원 수준으로 형성되며, 글로벌 안정화 국면에서는 최소 50억 원이 넘게 유지될 것으로 추측된다. 중국 애플 iOS 매출 1위 게임 텐센트의 '왕자영요(王者荣耀)'는 출시 당일에만 430억 원에 이르는 매출을 거두었고, '화평정영' 또한 출시 3일 만에 170억 원의 매출을 올렸다. 증권가 애널리스트들의 공통적인 일 매출 컨센서스 역시 50억~100억 원 수준이다. 1일 평균 매출 50억 원을 기준으로 8월부터 4개월 출시를 예상했을 때 총 매출은 6,000억 원으로, 이에 퍼블리싱 비용을 70%로 산정해보면 올해 영업이익 기여 예상분은 1,800억 원이다. 그리고 국내 출시의 경우엔 1일 평균 매출이 15억 원 수준으로 예상되며, 앱 마켓 수수료 및 마케팅 비용을 50%로 가정한다면 연간 영업이익 기여 예상분은 약 2,025억 원이다.

'카트라이더 드리프트'의 경우, 직접적 매출을 추정할 가이드라인은 딱히 없지만, '카트라이더'의 누적 이용자 수가 3억8,000만 명임을 고려해볼 때 500만 장 이상의 판매는 무난히 달성할 것으로 보인다. 지금까지 밝혀진 바로는, '카트라이더 드리프트'의 경우 패키지 무료 판매 이후 시즌 패스(기간제 과금 상품)와 꾸미기를 통해서만 과금을 진행할 계획이다. 이 때문에 1인당 매출 기여도는 그리 크지 않으리라고 전망된다. 활성 이용자 400만 명에 보수적으로 1인당 1년 총매출을 1만 원으로 정하고, 플랫폼 수수료 및 마케팅 비용 50%를 빼게 되면 약 200억 원의 영업이익을 거둘 수 있을 것으로 예상된다.

'아크라이더스'는 어떨까? 보수적으로 가정한다 해도 최소 200만 장 이상은 거뜬히 판매될 것으로 추정되며, 패키지 가격은 6만 원으로 예상된다. 여기서 플랫폼 수수료를 위시한 마케팅 비용 40%를 빼면, 약 720억 원의 영업이익을 올릴 수 있을 것으로 전망된다.

'프로젝트 매그넘'과 '프로젝트 D'의 경우 넥슨 지티와 넷게임즈의 합병법인인 넥슨게임즈를 통해 출시되며 레퍼런스가 전혀 없는 신작 IP이기 때문에 매출 추정에 어려운 점이 있다. 또한, 정확한 출시 시기도 알려진 바가 없는 상황이다. 다만, 이 두 가지 게임 모두 '서든어택' 이후 넥슨 자회사의 첫 슈팅 대작이라는 점에 의의가 있고, 이들 중 하나라도 흥행해준다면 자회사의 신성장동력이 마련됨에 따라 넥슨의 지분가치도 상승하게 될 것이다. 유의미한 추정이 불가능하기에 여기서는 산정 대상에서 제외한다.

　'프로젝트 ER'의 경우 평균 일 매출은 20억 원으로 추정할 수 있다. 고로 3개월 운영 기준으로 1,800억 원의 매출을 이룰 것이라 추산되며 플랫폼 및 마케팅 비용 40%를 빼고 약 1,080억 원 수준의 영업이익을 구현할 수 있을 것으로 예상된다. 동일 장르인 '마비노기'와 '테일즈위버 모바일'의 경우, 합산 일 매출 10억 원에 4개월 운영을 가정하면 600억 원의 영업이익을 거둘 것이라 추산할 수 있다.

　지금까지의 예측을 종합해보자. 보수적으로 계산해도 모두 6,245억 원의 영업이익을 추가로 올릴 수 있으리라 전망된다. 2021년도 영업이익 9,516억 원에 이 추가치를 더한 총 영업이익은 1조5,761억 원에 이른다. 여기에다 이 업종이 타깃으로 삼는 "영업이익배수" 27배를 곱하면 42조5,547억 원의 시가총액이 도출된다. ["영업이익배수(EV/EBIT)"는 "시가총액(EV)/영업이익"으로 계산되는데, 게임 산업은 업종 특성상 영업외손익의 비중이 적고 영업이익률 또한 상대적으로 고정되어 있다. 그러므로 신규 게임으로 얻을 수 있는 영업이익에서 해당 게임에 한정하여 발생하는 영업비용을 뺀 금액을 현 영업이익 수준에 더하고, 여기에 타깃 영업이익배수를 곱하여 적정가치를 산출한다.] 이렇게 계산해보면 2022년 4월 25일 현재 넥슨의 시가총액 25조8,811억 원을 고려할 때, 주가는 (보수적으로 잡더라도) 65%의 상승 여력을 가지고 있다고 말할 수 있다. 그러나 현재 넥슨의 주가는 3년째 제자리걸음 하면서 우리를 기다려주고 있다.

✅ 엔씨소프트 – 왕국의 확장

'리니지'는 1998년 엔씨소프트의 창업주인 김택진 대표와 엑스엘게임즈 송재경 대표가 합심해 만든 MMORPG 게임이다. 국내 최초의 MMORPG 게임은 1997년에 출시된 넥슨의 '바람의 나라'였지만, '리니지'는 국내 모든 MMORPG 게임이 가야 할 방향성을 제시해주었다. 공성전, 길드 시스템 등의 콘텐트는 지금이야 흔해 빠진 것이지만, 그때만 해도 기존 게임에서 찾아볼 수 없는 짜릿한 쾌감을 유저들에게 선사했다. '리니지'는 서비스 개시 15개월 만인 1998년 국내 최초로 온라인 게임 회원 100만 명 시대를 열었고, 단순한 인기게임을 넘어 하나의 사회현상이 되었다.

이후 막대한 개발비를 들여 PC 게임으로 '아이온'(2008), '블레이드앤소울'(2012) 등을 출시했으나, 이 두 개의 IP는 그다지 인상적인 성공을 거두지 못했다. 그러나 게임 산업의 중심이 PC에서 모바일로 넘어가던 시기에 '리니지' IP를 모바일에 적용한 '리니지 M'(2017) 과 '리니지 2M'(2019)이 출시 후 연이어 모바일 게임 시장에서 괄목할 만한 흥행을 기록하며, 엔씨소프트는 주요 사업 무대를 PC에서 모바일 게임 시장으로 무난히 옮길 수 있었다.

순위	▶ Google Play			🅐 App Store		
1	리니지W NCSOFT		〰	던전앤파이터 모바일 NEXON Company		〰
2	리니지M NCSOFT		〰	오딘: 발할라 라이징 Kakao Games Corp.		〰
3	오딘: 발할라 라이징 Kakao Games Corp.		〰	FIFA ONLINE 4 M by EA SPORTS™ NEXON Company		〰
4	던전앤파이터 모바일 NEXON Company		〰	리니지M NCSOFT		〰
5	리니지2M NCSOFT		〰	리니지W NCSOFT		〰

● 2022년 4월 25일 국내 게임 매출 순위 (자료: 모바일 인덱스)

'리니지'라는 IP는 엔씨소프트에게 어떤 의미일까? 나는 이렇게 말하고 싶다. '리니지'가 곧 엔씨소프트이고 엔씨소프트가 곧 '리니지'라고. '리니지'라는 게임은 엔씨소프트의 핏줄이며 심장이다. MMORPG 게임이 없다시피 할 때 무주공산이던 이 분야 시장에 퍼뜨려놓은 '리니지'라는 IP에 2030 남성 인구의 절반이 빠져들었고, 또 무수한 시간을 소비하지 않았던가. 당연히 '리니지'의 세계는 그들의 기억 속에 깊이 각인되었다. 게임성 자체는 차치하고서라도 그들이 보낸 시간의 가치는 그 어떤 다른 게임도 대체할 수 없는 것이다. 엔씨소프트는 PC게임 '리니지/리니지2', 모바일 게임 '리니지 M/리니지 2M, 리니지 W', 그리고 넷마블한테 라이선스함으로써 매년 로열티를 받아들이는 '리니지2 레볼루션'에 이르기까지, '리니지'라는 IP를 활용한 6개의 게임으로 총매출의 80% 이상에 해당하는 2조 원이 넘는 수익을 벌어들이고 있다. '리니지'는 무리한 과금 체계로 인해 게임을 즐기는 유저로부터 비난과 원성을 듣기는 하지만, 그래도 여러 통계수치는 여

게임주 빅뱅

전히 '리니지'의 건재함을 과시하고 있다.

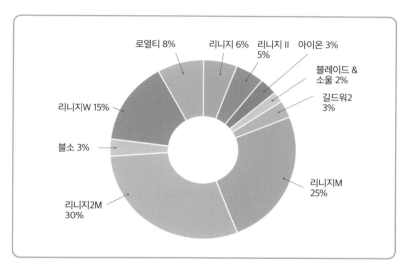

로열티 8% 리니지 6% 리니지 II 아이온 3%
5%
블레이드 &
소울 2%
길드워2
3%
리니지W 15%
블소 3%
리니지M
25%
리니지2M
30%

○ 엔씨소프트의 매출에서 각 게임이 차지하는 비중 (자료: 엔씨소프트, 대신증권 리서치 센터)

작년 11월 출시된 '리니지 W'는 출시 직후 그래픽 환경이 기대에 못 미친다고 유저들로부터 혹독한 비난을 받았다. 글로벌 환경에서의 원활한 구동과 원작의 감성을 살리기 위한 조처라고 해명했지만, 눈앞의 게임 속 세계관만 바라보는 유저들 입장에서는 얼른 납득하기가 힘들었다. 출시 당일 주가는 10%가 넘게 빠졌다. 하지만 엔씨소프트는 그 대신 게임성과 콘텐트를 강화하기 위해 노력했고, 이 가치는 다음 날 수치로 증명되었다.

그리고 '리니지 W'는, 주변의 우려와는 달리, 2021년 11월 출시 직후 압도적인 국내 1위 매출을 기록하며 창사 이래 최고 성과를 달성했다. 사전예약 프러모션을 진행한 지 15시간 만에 사전예약자 200만 명을 달성하면서 MMORPG 역사상 최단 기록을 수립했고, 프러모션을 시작한 지 두 달 만에 사전예약자 수는 1,300만 명에 도달하며 최다 기록까지 뒤집었다. 출시 후 16시간 만에 양사 마켓 매출 1위로 올라섰고 지금까지도 이를 유지하고 있다. '리니지 W'의 1일 매출 최고 기록은 120억 원으로, 2017년 '리니지 M'이 기록했던 107억 원을 가뿐히 뛰어넘었다.

그리고는 무려 두 달 만에 3,600억 원을 벌어들였다. 역대 모든 모바일 게임 가운데 최고 수준의 기록이다. 일주일 뒤 주가는 다시 상한가를 기록했다. MMORPG가 막 시작할 당시만 해도 무주공산이었던 시장에 퍼뜨려놓은 그들의 IP에 2030 남성 인구의 절반이 빠져들었고 또 무수한 시간을 바쳤다. 비록 게임성이란 측면에서 더 나은 게임이 등장한다 해도, 그들이 보냈던 시간의 가치를 뛰어넘긴 힘들 것이다. '리니지'의 세계관은 다른 어떤 게임의 그것보다 3040 세대의 머릿속에 깊숙이 각인되어 있다. 워런 버핏은 노년이 되었음에도 자신이 코카콜라를 손에 놓지 않고 있다는 사실을 깨닫고는, 코카콜라에 투자하여 대주주로 올라섰고 큰 수익을 이룩했다고 한다. 이처럼 정통성과 "길들어짐"의 가치는 여간해서 깎이지 않는다.

한편으로, '리니지'라는 단일 IP에 대한 높은 의존도는 엔씨소프트를 잡는 발목이다. 그러나 다른 한편으로, 이것은 엔씨소프트를 세계적인 기업으로 성장시킬 동력이기도 하다. 단일 IP에 대한 높은 의존도가 오히려 기업 성장의 동력이 될 수도 있다고? 왜 그럴까? 얼핏 이해하기 어려울지 모르지만, 지금 엔씨소프트의 국내 매출에서 '리니지'가 차지하는 비중이 85%이기 때문이다. 다른 게임사에 비해 전례 없이 높은 비중이다. 따라서 '리니지'나 그것에서 파생된 게임이 해외시장에 진출해 일정 수준 이상의 성공만 거두게 된다면, '리니지'라는 IP의 생명력은 10년 이상 연장될 것이라는 얘기다. 김택진 대표에 말에 의하면, '리니지 W'의 'W'는 월드와이드를 뜻한다. 그의 포부처럼 리니지 W가 해외에서 성공을 거둔다면, 엔씨소프트의 가치 자체가 재평가받는 계기가 될 것이다. 국내에서 리니지는 23살의 나이를 가진 초고령 IP지만, 해외시장에서는 이제 막 성장해나가는 꼬마이기 때문이다.

그런데 여기서 재미있는 현상이 나타난다. '리니지 W'의 흥행으로 나머지 게임 'M'과 '2M'의 매출이 가파른 속도로 하락하고 있다는 사실이다. 달리 표현하자면 '리니지 W'가 자기 형제들을 잡아먹는 자기 잠식 현상이 일어나는 것이다. '리니지 M'의 매출은 2021년 기준 전년보다 34% 감소한 5,459억 원, '리니지2 M' 매출은 23% 줄어든 6,526억 원으로 집계됐다. 같은 기간 '리니지' 매출은 23% 감소한 1,341억 원, '리니지2' 매출은 전년 대비 4% 줄어든 997억 원이었다. 물론 이것을 'M'과 '2M'의 게임 생명력이 약화하는 과정으로 해석할 수도 있겠지만, 그보다는 3년이라는 장기적인 관점에서 바라볼 때 '리니지 W'가 두 게임 매출을 흡수하는 현상이 점차 속도를 더할 거라고 해석하는 편이 적절할 것 같다. 유저들이 '리니지 W'의 세계관에 몰입할수록 다른 게임을 지속해야 할 유인이 줄어드는 것이다. 이걸 달리 표현하자면, '리니지'가 곧 엔씨소프트인데 그 중심에 '리니지 W'가 당당히 자리를 차지한다는 얘기다.

또 한 가지 흥미로운 현상이 있다. '리니지 W'와 중복 이용을 가장 많이 하는 게임은 5개월 먼저 출시된 카카오게임즈의 '오딘'이란 점이다. 이 둘의 중복 이용률은 무려 11.8%에 이른다. '오딘'의 유저를 '리니지 W'가 흡수해간 것이다. 국내 MMORPG 시장을 두고 카카오게임즈와 엔씨소프트간의 공성전은 멈추지 않을 전망이다.

그런 가운데 '리니지 W'는 자신의 포부대로 2022년 2분기부터 본격적인 글로벌 공략에 나선다. 실제로 이미 첫 출발지 대만에서 테이프를 끊었다. 대만은 본래 2000년대 중후반부터 20대 인구들 사이에서 '리니지'가 열풍처럼 번졌고, 이 IP에 대한 선호도가 한국만큼이나 높은 곳이다. 이런 점을 계산에 넣는다 하더라도 매출 1위까지 감히 속단할 수는 없었다. 그러나 '리니지 W'는 당당히 대만 게임 매출 1위를 차지했을 뿐만 아니라, 현재까지도 이를 유지하고 있다. 대만의 인구는 2020년 기준 2,356만 명에 불과하지만, 게임은 국민의 60% 이상이 즐길 정도로 이 지역의 주요 문화로 단단히 자리잡혀 있다. 데이터에이아이의 조사에 따르면 지난해 대만의 게임 매출 규모는 3조3,000억 원으로 미국, 일본, 한국, 중국, 독일에 이어 세계 6위다. 또 한국콘텐츠진흥원의 게임백서에 실린 내용에 의하면, 2020년 우리나라의 게임 수출액 가운데 대만의 비중은 11.2%로 중국, 동남아에 이어 3위를 기록했다. 북미(11.2%)나 유럽(8.3%)보다 매출 규모가 크다. 무엇보다 대만은 RPG 장르의 비중이 50%에 육박하는 등, 한국처럼 RPG를 가장 선호하는 시장이어서, 국내 게임 기업의 요긴한 테스트 베드로 인식되고 있다.

뒤이어 '리니지 W'는 홍콩 게임 시장에서도 매출 1위를 차지하며, 성공적인 흐름을 보여주고 있다. 대만과 홍콩 양쪽 시장에서의 일 평균 매출은 최소 총 10억 원 이상을 유지할 것으로 전망된다. 대충 연 3,600억 원의 추가 매출이 창출되는 것이다. 그리고 묘하게도 '리니지'의 아성에 도전하는 '오딘' 역시 2분기 첫 글로벌 테스트 베드로 대만을 선정했다. 이 두 번째 공성전에서 '오딘'은 '리니지'를 바짝 추격했지만, 결국 2위로 시작해 6위에 그치며 그 아성을 뛰어넘지 못했다. 새로운 IP로 대만 시장의 매출 5위권에 들어간 것만도 대단히 고무적인 성과라 하겠지만 말이다. 게임성 자체는 '오딘'이 훌륭할지 몰라도 그들이 젊은 날 '리니지'에 바쳤던 시간의 가치는 다른 무엇으로도 대체하

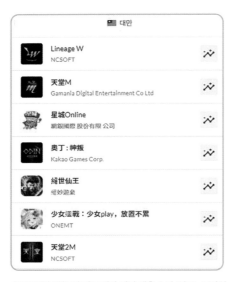

 내의 텍스트:

🇹🇼 대만

Lineage W
NCSOFT

天堂M
Gamania Digital Entertainment Co Ltd

星城Online
網銀國際 股份有限 公司

奧丁：神叛
Kakao Games Corp.

絕世仙王
絕妙遊樂

少女運戰：少女play，放置不累
ONEMT

天堂2M
NCSOFT

● 2022년 5월 7일 기준 대만 게임 매출 순위 (자료 : 모바일 인덱스)

기 쉽지 않기 때문이다. 어쨌거나 이 두 게임의 이 같은 해외 행보는 고무적인다. 한국형 MMORPG라는 카테고리 안에서 선의의 경쟁으로 좁은 국내 시장에서 벗어나 외화를 벌어들이는 일이기 때문이다. 세계의 관점에서 한국 MMORPG는 이제부터가 시작이다.

이렇듯 아시아 1권역 12개국 가운데 한국, 대만, 일본, 동남아시아, 중동에서의 '리니지 W' 출시는 성공리에 마무리되었다. 이로 인해 엔씨소프트의 2021년 해외 매출은 7,336억 원으로, 전년도 대비 82%나 증가하는 괄목할 만한 성과를 이룩했다. 특히 대만 지역 내 '리니지 W' 돌풍이 아시아 매출의 확장에 주도적인 역할을 한 것으로 나타난다. 이제 3분기부터는 서구 지역 출시를 계획하고 있다. 이곳에서의 성과가 엔씨소프트의 미래 청사진이 될 것이다.

엔씨소프트는 2권역(북미/유럽)에 출시될 '리니지 W'에는 NFT 요소가 도입될 전망이라고 밝혔고, 동시에 P2E는 아니라고 선을 그었다. NFT는 맞지만 P2E는 아니라는 말의 속뜻을 유추해보면, '미르4'처럼 게임 속 재화를 채취해서 토큰으로 만든 뒤 가상화폐로 교환하여 판매하는 식이 아니라, 자신들의 검이나 갑옷 같은 아이템을 자신의 의지로 NFT화한 다음 자체 거래소에서 교환하는 식으로 운영될 것으로 추측된다. '리니지 W'는 전 세계를 목표 삼아 출시한 만큼, 게임의 밸런스를 조금이라도 떨어뜨릴 수 있는 조치는 하지 않을 것이다. 그래서 NFT 시스템을 통해 아이템 간 안전한 거래를 활성화하는 식으로 제한적 블록체인 기술이 적용되리라 예상된다. 그리고 이것이 성공적으로 운영될 경우, 1권역으로 역도입하여 '리니지 W'의 시그니처 시스템으로 자리 잡을 것으로 전망된다.

최근 스마일게이트의 '로스트아크'가 글로벌 동시접속자 130만 명을 기록하며 MMORPG에 대한 해외시장의 흥행력을 입증한 것도 '리니지 W'에는 호재다. 국내 모바일 MMORPG가 전 세계권으로 대흥행한 전례는 찾기가 힘들다. 그중에서도 하나의 참조 사례가 될만한 것이 컴투스의 '서머너즈 워'다. 이 게임은 2014년 6월 글로벌 출시 이후 글로벌 1억 다운로드를 기록했고, 105개국 애플 앱스토어, 89개국 구글 플레이에서 매출 순위 TOP 10에 진입하는 등, 세계 전역에서 훌륭한 성적을 거뒀다. 특히 북미 지역에서 활성 사용자 수가 높게 나타난다. '서머너즈 워'는 해외 매출 비중이 80%에 육박하며, 그중 '리니지' 2권역에 해당하는 북미/유럽 지역의 매출 비중이 50%에 육박한다. 출시 8년이 지난 현재 '서머너즈 워'의 글로벌 일 평균 매출은 약 10억 원 수준이다. 펄어비스의 검은 사막 또한 PC게임이긴 하지만, 매출의 50% 수준을 북미/유럽 지역에서 벌어들이고 있으며, 누적 가입자 수는 350만 명으로 추산된다. 이들 각각의 북미 지역 매출은 2,500억 원과 2,000억 원 수준이다.

'리니지 W'의 2권역 매출 또한 전사적 차원의 대대적 마케팅과 초기 흥행에 힘입어, 일 평균 매출 10억 원 정도는 무난히 달성할 것으로 보인다. 그리고 최대 매출 수준은 (마땅한 가이던스가 없어 가늠하기 힘들지만) 낙관적으로 기대하면 최대 일 매출 30억 원까지도 가능할 것 같다.

2021년 11월 4일 '리니지 W'를 출시하기 직전 김택진 대표는 공언했다, 마지막 '리니지'를 개발한다는 심정으로 개발했으며, 24년 동안 쌓아 올린 '리니지'의 모든 것을 집대성한 '마지막' 작품이라고. 그리고 엔씨소프트는 다음 10년을 대비하기 위해 창사 이래 최대 개발비를 투입한 PC게임 '프로젝트 TL'를 하반기에 출시한다. TL이 'The Lineage'의 약자라는 말이 무성했으나 엔씨소프트 측은 이를 'Throne & Liberty'라고 정정하면서, '리니지'와는 완전히 별개의 작품이라고 단언했다. 이 '프로젝트 TL'이 국내에서 10위권에 안착하고 최소한 '검은 사막' 수준의 글로벌 흥행을 이룩한다면, 엔씨소프트의 주가는 목표가 산정이 무의미할 정도로 강렬한 성장 동력을 얻게 될 것이다.

'프로젝트 TL'은 스팀 플랫폼과 콘솔 플랫폼을 통해 동시 출시될 것으로 예측된다. 이미 홍원준 CFO도 스팀 플랫폼을 통한 진출을 적극적으로 검토하고 있다고 밝힌 바 있다. '프로젝트 TL'의 가이던스는 스마일게이트의 '로스트아크'가 제시해준다. '로스트아크'는 현재 약 2,000만 명의 전 세계 이용자를 확보한 상황이며 연간 1조 원의 매출 달성이 예상된다. 지금과 같은 '로스트아크'의 흥행 돌풍은 극히 이례적인 상황이기에, 그대로 적용하기에는 무리가 있겠지만, '프로젝트 TL'의 경우 파운더즈 팩 판매를 통한 스팀 초기 흥행과 인게임 결제, 콘솔 팩 판매 등을 통해 연 매출 2,000억 원은 큰 어려움 없이 달성하리라 판단된다. 다만, 프로젝트 TL의 출시 시점이 11월~12월로 예정되어있다는 점, 초기 마케팅 비용이 게임의 초기 영업이익을 상쇄할 가능성이 있다는 점으로 미뤄 실적 추정치에서는 제외한다. 그렇더라도 본 게임의 글로벌 반응은 수급 상황을 개선해서 엔씨소프트의 주가가 목표가에 빠르게 도달하게 해주는 촉매제 역할을 할 것이다.

결국 정량적 요소만을 고려한다면 2022년 엔씨소프트의 주가는 '리니지 W'의 성과에 달려 있다고 볼 수 있다. 그나저나 투자자의 관점에서 염두에 두어야 할 사실은 '리니지 W'의 1권역 출시가 성공적으로 이루어졌고 그로 인해 매출이 전분기 대비 51% 증가했지만, 초기 마케팅 비용과 '리니지 W' 출시 성공에 따른 인센티브를 미리 인식함으로써 영업이익은 14% 증가하는 데 그쳤고 2021년 기준 당기순이익은 전년 대비 33% 감소하는 어닝쇼크를 기록했다는 점이다. 그래서인지 주가는 상승분을 모두 반납하고 현재 4년째 제자리걸음이다. 우리는 '리니지 W'가 11월에 출시되었다는 점과 그럼에도 급증한 매출액에 주목해야 한다. 안정화된 '리니지 W'의 1권역 매출은 2022년 1분기부터 고스란히 인식되어 영업이익의 증가로 이어질 것이다.

'리니지 W'의 2022년도 국내 매출은 1조2,000억 원으로 추산된

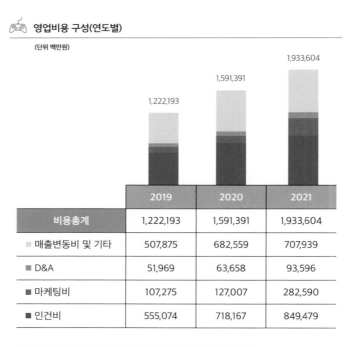

🎮 **영업비용 구성(연도별)**

(단위 백만원)

	2019	2020	2021
비용총계	1,222,193	1,591,391	1,933,604
▨ 매출변동비 및 기타	507,875	682,559	707,939
▪ D&A	51,969	63,658	93,596
▪ 마케팅비	107,275	127,007	282,590
▪ 인건비	555,074	718,167	849,479

◎ 폭증한 마케팅비 및 인건비 (자료: 엔씨소프트 2022년 4분기 IR)

다. 국내를 제외한 1권역과 2권역에서의 매출 총액은 8,000억 수준이 될 것이다. 따라서 '리니지 W'의 추정 총 매출은 2조 원 수준이며, '리니지 W'를 제외한 나머지 게임들의 매출은 (자기잠식효과를 고려하여) 약 1조 4,000억 원으로 예측된다. 그러니까 이 둘을 합친 3조 4,000억 원에 예상 영업이익률 20%를 적용하면 6,800억 원의 예상 영업이익이 도출된다. 여기에다 목표 영업이익배수를 곱하면 적정 시총은 18조3,600원에 이르고, 목표주가는 836,293원이라는 결론에 도달한다. 현재 주가 수준에서 약 103%의 상승 여력이 있는 것이다. 이에 더해 '프로젝트 TL'의 글로벌 흥행이 이루어진다면, 원 IP 리스크 해소로 인해 빠른 속도로 적정 시총 도달이 가능해질 전망이다. 중기적 관점에서 '리니지'의 중국 판호까지 얻을 수 있게 된다면, 이로 인한 모멘텀 또한 더할 나위 없이 강력할 것이다.

Public Investment Fund(PIF)라는 다소 밋밋한 이름의 사우디아라비아 국부펀드는 무함마드 빈 살만 왕세자가 직접 600조 원 규모의 투자를 진두지휘하며 해외 저평가 우량주들을 선매입하는 역발상 투자로 유명하다. 테슬라가 본격적으로 상승하기 전 이에 투자한 것으로 명성을 드높였으며, 코로나가 한창일 때부터 항공/레저/엔터테인먼트 등 주가가 폭락한 주식들 위주로 직접 나서서 매입하고 있다. 특히 전 세계 1위 라이브 콘서트 업체인 라이브 네이션(Live Nation Entertainment)에 투자하여 2대 주주로 올라서기도 했다. 2012년엔 제일기획의 주가가 저점을 찍었을 때 집중적으로 매입하여 80%가 넘는 수익률을 거두며 매각했던 사례도 있다.

이런 이력을 지닌 PIF가 2021년부터 공격적으로 매입한 섹터가 바로 게임 산업 종목이다. PIF는 작년부터 블리저드, 일렉트로닉 아츠, 테이크-투 인터랙티브, 캡콤 등 게임주에 대한 집중 투자를 시작했다. PIF는 아예 새비 게이밍 그룹(Savvy Gaming Group)이라는 E-스포츠 분야 투자사를 설립하여, 2022년 초 ESL 게이밍(ESL Gaming GmbH)과 페이스잇(FACEIT)을 인수하기도 했다. 천연자원 위주인 자국 경제의 취약성을 보완한다는 의도에서 디지털과 콘텐트 분야 투자를 그 해답으로 찾은 것이다. 그리고 최근 그들이 가장 중점적으로 투자하고 있는 영역이 바로 게임 산업이다.

그런 PIF는 2022년 1월 26일 엔씨소프트 주식을 처음 취득한 것을 시작으로, 2월 16일까지 총 13차례에 걸쳐 1조 원이 넘는 돈을 투자해 엔씨소프트 지분 9.26%를 보유함으로써 김택진 대표(11.9%)에 이어 2대 주주로 등극했다. 아울러 넥슨에도 투자를 단행하여 지분 7.09%인 4대 주주로 이름을 올렸다. 그들의 투자 전략을 한마디로 정의할 수 있으니, 바로 '저평가 우량주 집중 매입'이다. 그러니까, 그들은 엔씨소프트와 넥슨이 저평가되었다는 시각을 갖고 있는 셈이고, 나 역시 그런 견해에 강하게 동조하는 바이다.

☑️ 넷마블 : 머니 게임의 최강자

넷마블은 2017년 5월 12일 주식시장에 상장한 이래 지금까지도 주가 10만 원 선을 유지하고 있다. 매출액과 영업이익 또한 2조 원과 2,000억 원대를 꾸준히 지키고 있어, 실적 안정성이 매우 뛰어난 편이다. 다른 거대 게임사들이 단 하나의 IP에 기대어 막대한 영업이익을 벌어들이는 것과 달리, 넷마블은 다양한 종류의 게임으로 포트폴리오를 구성하는 국내 최고의 '다작' 게임사다. 물론 '세븐나이츠'라는 자체 MMORPG IP를 갖고 있긴 하지만, 이 게임 하나의 영업이익 기여도는 10%에도 못 미친다. 그래서 넷마블 네오, 넷마블 넥서스, 넷마블 에프앤씨, 넷마블엔투 등 상장 가능성이 있는 큰 규모의 개발 자회사 4개를 통해 끊임없이 신작을 개발하고, 이를 통해 꾸준히 안정된 수준의 매출을 일으키고 있다. 게다가 해외 매출 비중 또한 당당해서, 무려 73%에 육박한다. 특히 '모두의 마블', '넷마블 프로야구', 'BTS 드림: 타이니탄 하우스' 등 캐주얼 게임에서도 국내 게임사 중 가장 강점을 과시한다.

넷마블에게 이 '안정성'은 하나의 장점인 동시에 약점도 된다. 현실적으로 게임사가 실적 수준을 비약적으로 끌어올리기 위해서는 하나의 게임이 송곳처럼 대흥행해야 한다. 그리고 그 게임의 장르는 MMORPG가 되어야 한다. 크래프톤의 '배틀그라운드' 같은 특수한 경우가 아닌 한, 그게 가장 일반적인 방향성이다. '배틀그라운드'로 말하자면 공정성이 그 게임의 핵심이기 때문에, 스킨 판매 등 꾸미기 상품 위주로 과금이 일어나 과금력은 상당히 약한 편이지만 게임 자체가 전 세계적으로 거대 흥행하면서 매출 '발생 횟수'가 늘어나 그 약점을 커버한 경우다.

구분	개발사(제공사)명	게임명	장르
국내	넷마블엔투(주)	모두의마블	캐주얼
		스톤에이지 월드	MMORPG
		A3: 스틸얼라이브	MMORPG
	넷마블넥서스(주)	세븐나이츠	RPG
		세븐나이츠2	MMORPG
	넷마블몬스터(주)	레이븐	RPG
		몬스터길들이기	RPG
		마블 퓨처파이트	RPG
	넷마블네오(주)	리니지2 레볼루션	MMORPG
		킹 오브 파이터 올스타	RPG
	넷마블에프엔시(주) (구, 넷마블펀(주))	일곱 개의 대죄: GRAND CROSS	RPG
		블레이드&소울 레볼루션	MMORPG
		아이언쓰론	전략
	넷마블앤파크(주)	마구마구 2020	스포츠
해외	Jam City, Inc.	Cookie Jam	캐주얼
		Panda Pop	캐주얼
		Harry Potter: Hogwats Mystery	캐주얼
		Bingo Pop	캐주얼
		Disney Emoji Blitz	캐주얼
	Kabam, Inc.	MARVEL Contest of Champions	RPG
		Shop Titans	RPG

○ 넷마블 그룹 내 주요 개발사의 라인업 (자료: 넷마블 2021 사업보고서)

게임주 빅뱅

자, 그렇다면 이 같은 상황에서 넷마블이 취할 수 있는 전략적 선택지에는 무엇이 있을까? 첫째, 카카오게임즈의 경우와 같이 MMORPG 게임사를 인수해 IP를 내재화하는 전략이 있다. 그러나, '오딘'과 같은 대작 IP는 결코 빈번하게 탄생하지 않으며, 본격 흥행을 하기 전 잠재력을 알아보고 그 게임사를 인수해서 성공하기란 10% 미만이어서 그야말로 하늘의 별 따기에 다름없다. 카카오게임즈가 싱가포르의 라이온하트 스튜디오를 인수할 수 있었던 것은 국내 독점적 퍼블리셔로서 각 중형 개발사들과 누구보다 긴밀한 관계를 형성하고 커뮤니케이션을 꾸준히 해온 덕택이다. 두 번째, 넥슨과 크래프톤의 경우처럼 AAA급 콘솔 게임 스튜디오를 인수하여 파이프라인을 확장하는 방법이 있다. 그러나 이 두 회사와 넷마블 사이에는 궁극적인 차이가 있다. 넥슨이나 크래프톤은 PC 플랫폼을 시작으로 사세를 키워왔던 반면, 넷마블은 그 출발 자체가 모바일 게임이다. 모바일 게임 매출이 현 매출의 90% 이상을 차지할 뿐 아니라, 캐주얼 장르의 모바일 게임을 연속적으로 흥행시키면서 사세를 키워온 명실상부 모바일의 강자다. 그러나 앞서 언급한 바와 같이 콘솔 게임과 PC게임은 그 구동환경과 개발원리, 마케팅 방식 등 공통점이 많다. 바로 그런 이유로 크래프톤은 차세대 성장 동력으로 콘솔 시장을 선택한 것이다.

　MMORPG 개발사 인수도 어렵고 콘솔 게임 스튜디오 인수도 여의치 않다면, 셋째, 마지막 남은 선택지는 글로벌 모바일 게임 스튜디오를 인수하는 것이다. 그중에서도 구체적으로 넷마블은 일정 수준의 실적을 내고 있는 스튜디오를 비교적 높은 가격에 인수하여 연결 자회사로 편입한 뒤, 그들의 실적을 흡수하는 방식을 택했다. 안정성을 중시하는 자신들의 기업 문화에 걸맞은 방법이라 할 수 있다.

그 첫 행보는 2016년 '쿠키잼', '팬더팝' 같은 퍼즐 게임을 제작하는 북미 게임 개발사 잼시티(Jam City)를 1,500억 원에 인수하는 일이었다. 넷마블에 인수된 이후 잼시티는 모바일 게임 '해리포터: 호그와트 미스터리'를 출시해 큰 인기를 끌었다. 잼시티는 작년 캐나다 몬트리올 기반의 모바일 게임사 루디아(Ludia)를 인수하여 뉴욕증권거래소 우회상장을 계획하고 있는데, 루디아는 영화 '쥬라기 월드'와 DC코믹스의 IP를 활용한 게임을 개발하고 있다. 현재 잼시티의 기업가치는 약 2조 원 수준으로 알려진다. 넷마블이 가진 지분은 60% 수준으로 인수 6년 만에 8배나 기업가치가 상승한 것이다. 잼시티는 2022년 자체 IP P2E 게임 '챔피언스 어센션'을 출시하여 추가 성장 동력을 마련할 계획이다.

넷마블은 국내 모든 게임사 중 명실상부 머니 게임을 가장 잘하는 회사다. 그들이 2017년 2월 두 번째로 택한 회사가 밴쿠버에 본사를 둔 모바일 게임회사 카밤(Kabam)이었다. 8,460억 원이라는 거액이 투입된 인수였으며, 해외 개발사 인수 중 역대 최대 규모였다. 그 당시 카밤은 영화 '트랜스포머'의 IP를 활용한 게임을 출시한 이후 모바일 게임 '마블 올스타 배틀'이 북미 양사 마켓 10위권에 진입하며 1년 만에 6,000억 원에 가까운 매출을 올리고 있었다. 이후 카밤은 디즈니의 IP를 활용한 게임들을 지속 개발하고 있다. 현재 '마블' 시리즈 게임은 넷마블 매출 비중의 15% 이상을 차지하고 있다.

넷마블이 인수한 잼시티, 카밤, 그리고 뒤이어 언급할 스핀엑스는 모두가 북미지역 기업으로, 개별 회사의 가치도 각각 1조 원을 넘어선다. 또한, 최근 미국의 인디 게임 개발사 쿵푸 팩토리(Kung Fu Factory)를 133억 원에 인수하기도 했다. 넷마블의 2021년 4분기 기준 북미지역 매출은 전체의 43%에 육박한다. 국내 게임사 중 최고 수준의 비중이다. 이 성과는 전반적으로 모바일 게임 M&A 과정을 통해서 일어났으며, 국내 게임산업에 전례 없던 새로운 비즈니스 모델을 구축했다는 점에서 그 의의가 있다.

그리고 여기서 또 하나의 가능성을 제시해본다. 잼시티는 해리포터와 디즈니 캐릭터들의 IP를 활용하여 게임을 개발하고 있고, 잼시티가 인수한 루디아는 쥬라기 월드의 IP를 활용하여 게임을 개발하고 있다. 카밤은 마블을 활용한 게임들을 개발한다. 해리포터와 쥬라기 월드 IP의 보유자는 유니버설 스튜디오이고, 디즈니 캐릭터와 마블 IP의 보유자는 월트 디즈니다. 유니버설 스튜디오는 자신들의 IP를 모회사 OTT 서비스인 피콕(Peacock Television Network)과 HBO MAX에 공급하고 있다. 그리고 디즈니와 HBO MAX의 강력한 경쟁자 넷플릭스는 최근

(단위: 백만원, %)

품목	주요 상표 등	제11기 3분기 (2021년 3분기)		제10기 (2020년)		제9기 (2019년)	
		매출액	비중	매출액	비중	매출액	비중
모바일 게임	쿠키잼	71,062	4.05	107,607	4.33	128,056	5.88
	리니지2레볼루션	110,730	6.31	225,275	9.07	304,071	13.96
	MARVEL Contest of Champion	221,486	12.62	353,846	14.24	333,218	15.29
	마블퓨처 파이트	53,260	3.04	78,698	3.17	126,218	5.82
	Harry Potter: Hogwarts Mystery	81,618	4.65	109,673	4.41	97,832	4.49
	블레이드&소울 레볼루션	85,133	4.85	191,453	7.71	207,335	9.52
	일곱 개의 대죄: GRAND CROSS	200,203	11.41	385,703	15.52	155,934	7.16
	세븐나이츠2	106,741	6.08	72,591	2.92	-	-
	제2의 나라: Cross Worlds	194,908	11.11	-	-	-	-
	기타(모바일)	500,684	28.54	776,168	31.24	671,603	30.82
	소계	1,625,825	92.66	2,301,014	92.61	2,024,822	92.94
온라인	마구마구 등	22,900	1.31	42,812	1.72	57,548	2.64
기타	기타	105,905	6.03	140,939	5.67	96,308	4.42
합계		1,754,630	100.00	2,484,765	100.00	2,178,678	100.00

◐ 주요 제품 및 서비스 (자료: 넷마블 2021 사업보고서)

'기묘한 이야기' IP로 게임을 만드는 개발사를 인수했고, 공식적으로 게임산업 진출을 공포했다. 넷플릭스 이용권 유저들을 위한 게임 구독 서비스로 자체 플랫폼의 매력을 높이려는 전략이다.

게임주 빅뱅

앞으로 몇 년 안에 디즈니도 넷플릭스와 같은 전략적 선택지를 사용할 가능성이 농후하다. 이에 전 세계 모든 게임사 중 자신이 가진 IP를 가장 잘 활용할 수 있는 기업이 바로 넷마블이다. 밸류에이션 부담으로 넷마블 직접 인수는 불가능할지 모르지만, 지분 투자가 이루어질 가능성은 얼마든지 있다. 현재 디즈니는 카밤과 협업하여 액션 RPG 게임 '디즈니 미러 가디언즈'를 개발하는 중이다. 지금 시점에서 가능성이 큰 시나리오는 카밤 혹은 잼시티에 대한 디즈니의 직접 투자다. 이 가능성이 실제 현실로 변한다면, 두 회사의 가치는 물론 상승할 것이고, 이는 넷마블 주가 상승을 위한 촉매제 역할을 할 것이다.

이제 정말 중요한 이야기로 넘어가자. 넷마블은 2021년 8월 모바일 기반 소셜 카지노 세계 3위 기업인 스핀엑스 게임즈를 무려 2조 5,000억 원에 100% 총액 인수했다. 스핀엑스는 2014년에 설립되어 '캐시 프렌지(Cash Frenzy)', '잭팟 월드(Jackpot World)', '랏처 슬롯츠(Lotsa Slots)' 등의 핵심 IP를 보유하고 있다. 스핀엑스 인수는 무차입 경영 기조를 유지하던 넷마블이 1조7,000억 원의 주식담보대출을 받을 정도로 넷마블이 총력을 기울인 한 수였다. 소셜 카지노 회사는 네트워크 효과를 기반으로 게임이 구동되는 만큼, IP의 생명력이 길고 영업이익 창출 능력이 뛰어나다는 장점이 있다. 소셜 카지노 게임은 초기 선점이 중요해서, 상위 5개사가 총 매출의 62%를 점유하고 있다. 상대적으로 낮은 개발비와 더불어 초기 마케팅에 성공하기만 하면, 후속 마케팅 비용은 급속도로 줄어들어 20~40%의 높은 영업이익률을 보여준다. 그리고 무엇보다 위에서 언급한 스핀엑스의 3가지 게임 매출은 연 20% 이상의 가파른 성장률을 보이고 있다. 스핀엑스의 게임들이 앞으로 넷마블의 10년 먹거리가 될 가능성이 농후하다.

스핀엑스의 2020년 실적은 매출액 4,701억 원과 영업이익 1,112억 원이며, 2022년엔 매출액 7,000억 원, 영업이익 2,000억 원을 무난히 달성할 것으로 보인다. 현재 벌어들이고 있는 수준의 영업이익 수준을 고스란히 자체 실적으로 환입시킬 수 있을 전망이다. 즉 쉽게 말해

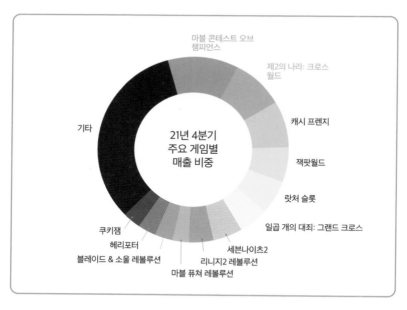

◉ 2021년 4분기 넷마블의 게임별 매출 비중 (자료; 넷마블 2021년 4분기 IR)

2022년 영업이익이 작년 대비 두 배로 증가한다는 뜻이다.

그리고 넷마블은 본업 외에도 가장 활발하게 외부 기업에 투자하고 있는 게임 기업이기도 하다. 우선 자신의 사촌 방시혁이 운영하는 BTS의 하이브 지분을 18% 보유하고 있고, 엔씨소프트의 지분을 8.9% 보유하고 있다. 그뿐인가, 코웨이의 지분을 무려 26%나 가지고 있다. 게다가 앞서 실행한 외부 기업에의 모든 투자는 '성공적'이었다. 가령 카카오뱅크 설립 당시 917억 원을 출자해 지분 3.74%를 가졌고, 2021년에 이를 1조776억 원에 팔아 5년 만에 거의 1조 원이라는 수익을 올렸다. 또한, 2018년 카카오게임즈 유상증자에 500억 원을 투자했다가 2021년 매각하여 2,000억 원에 달하는 차익을 거뒀다. 게다가 2015년 3,911억 원을 투자한 엔씨소프트의 지분은 현재 1조 원의 가치를 자랑한다. 2018년에는 하이브에 2000억 원을 투자함으로써 2대 주주가 되었는데, 현재 그 지분의 가치는 2조 원에 달한다. 코웨이의 투자 성과는 정체되어 있지만, 구독 경제의 성장에 힘입어 코웨이 또한 머지않은 장래에 차익을 거둘 것으로 전망된다.

넷마블은 단순히 투자만 하는 것이 아니라, 투자 대상 기업과 비즈니스 측면의 협력도 이어가고 있다. 가령 엔씨소프트와의 협력으로 '리니지2: 레볼루션', '블레이드 앤 소울'의 IP를 빌려 게임을 개발해 현재까지 이익을 거두고 있으며, 하이브와 협력하여 상반기 기대작 'BTS

드림: 타이니탄 하우스'를 글로벌 출시하며 신성장동력으로 삼을 계획이다. 무엇보다 올해는 엔씨소프트 주가의 가파른 성장이 예고되는데, 이를 통한 지분가치가 더욱 두드러질 전망이다. 엔씨소프트의 글로벌 성장과 스핀엑스로 인한 안정적 영업이익 확장의 혜택을 동시에 누릴 수 있는 안전한 기업이 넷마블인 셈이다.

또 다른 강점도 있다. 2022년 출시 예정인 게임만도 12종이나 된다는 점이다. 그 가운데 '세븐 나이츠 레볼루션'과 '제2의 나라: 크로스월드'는 넷마블의 주력 게임으로, 수익에 크게 보탬이 될 것 같다. 현재 카밤의 마블 관련 매출이 감소하고 있는데, 그 하락분 이상을 이 두 게임의 매출이 보충해줄 전망이다. 이 외에도 넷마블은 소셜 카지노 사업이 영업이익의 주원천이 되어 있는 시점이라, 이와 연계점이 많은 블록체인 생태계의 진출은 필수적이다. 그래서 연내 국내 3대 게임사 중 가장 빠르게 자체 암호화폐 'MBX'를 내놓고 신작 게임에 이를 적용한다는 계획이다. 그중에서도 기대할만한 신작은 '모두의 마블' IP를 활용한 '모두의 마블 - 메타월드'이다. 세계 시장에 전례가 없던 장르인 메타버스 기반의 부동산 투자 게임으로 지대한 관심을 끌고 있다. 부동산 투자라는 분야를 게임화함에 있어 NFT/P2E 시스템의 도입은 게임성을 해치지 않으면서도, 오히려 게임의 몰입감을 높이는 역할을 하기 때문에, P2E 게임의 새로운 표준으로 자리 잡을 수도 있을 것이다. 어쨌거나 그 귀추가 주목된다.

넷마블의 목표 주가는 지분 가치가 차지하는 비중이 크기 때문에 전통적 가치 측정 모델인 "영업 가치(EV/EBITDA) + 투자자산 가치의 총합 + 보유 현금"의 공식에 따라 산정한다. 여기서 EBITDA(Earnings Before Interest, Taxes, Depreciation and Amortization)는 법인세 · 이자 · 감가상각비를 차감하기 전의 영업이익으로, 영업활동을 통한 기업의 현금 창출 능력을 가리키는 지표다. EV(Enterprise Value)는 물론 기업의 시장가치를 의미하는데, "시가총액 + (총차입금 − 현금성 자산)"으로 계산한다.

구분	내용	
영업 가치	2022년 예상 EBITDA : 7,000억 Target EV/EBITDA : 15배	
	합계 : 11조 2,500억	
투자자산 가치	하이브	적정가치 :12조 지분율 : 19.9% 할인율 :30% 총계 : 1조 9,104억
	엔씨소프트	적정가치 : 18조 지분율 : 8.9% 할인율 : 30% 총계 : 1조 1,214억
	코웨이	적정가치 : 6조 지분율 : 25.6% 할인율 : 30% 총계 : 1조 752억
	합계	4조 1,070억
보유 현금	5,574억 원 (21년 별도 기준)	

적정 시총	15조 9,144억 원
적정주가	18만 5,151원

○ 넷마블의 목표 주가 구하기

✅ 크래프톤 : 멀리 보고 높이 나는 중

우리는 흔히 게임업계의 3N이라 불리는 넥슨, 엔씨소프트, 넷마블의 성장 모멘텀과 목표 주가를 산정해보았다. 이들 각각은 '던파 모바일' 출시, '리니지 W' 영업이익 본격 환입 및 '프로젝트 TL', 스핀엑스 실적 환입 및 MBX 발행이라는 굵직굵직한 모멘텀을 보유하고 있어 목표 주가 또한 60% 이상 수준에서 형성되었다. 크래프톤의 경우는 어떨까? 그들이 인수한 언노운 월즈의 '프로젝트 M'과 최상급 인력에 의해 운영되는 자체 스튜디오 스트라이킹 디스턴스의 '칼리스토 프로토콜'의 출시라는 이슈가 있지만, 이들이 하반기에 출시될 수 있을지는 장담할 수 없는 상황이다. 콘솔 게임의 경우, 자체 테스트 후 게임 수정 단계에서 수개월의 시간이 소요되어 출시 일정이 연기되는 경우가 빈번하게 일어나기 때문이다. 따라서 신규 게임의 영업이익 수취분을 현 영업이익에다 더해서 목표 주가를 산정하는 앞선 논리는 적용하기 어렵다. 크래프톤은 거시적 전략 차원에서 AAA급 콘솔 게임을 계속해서 출시할 계획이고, 모바일 게임 성장이 가장 가파른 인도 시장 개척에 전사적 역량을 쏟아붓고 있다. 그래서 크래프톤은 보다 긴 호흡으로 관찰해야 할 시점이다.

크래프톤은 해외 매출의 비중이 94%에 이른다. 해외 시장에서 회사 이름이 지닌 가치가 다른 어떤 기업보다 높다. 이것은 크래프톤의 가장 큰 강점이다. 주가 또한 최고점 대비 많이 떨어져, 현재 PER도 21배 수준으로 비교적 낮게 유지되고 있다. 그리고 초반 흥행이 부진했던 '뉴스테이트'의 경우 2022년 1월 '익스트림 BR' 업데이트 이후 사용량이 급증했고, 중국의 '화평정영' 역시 iOS 마켓 매출 순위 2~3위권에 꾸준히 머무르고 있다. PC '배틀그라운드'의 경우도 1월 12일 무료전환한 후 650만 명이 신규 유입되어, 1월 평균 활성 이용자 2천만 명을 돌파하는 등, 유료아이템 매출 또한 상승하는 추세를 보여주고 있다. '배틀그라운드' 관련 매출은 2022년 또한 2021년과 비슷한 수준 혹은 5~6% 정도의 상승이 예상된다. 2021년 4분기 직원 주식증여로 인

◐ 2022년 론칭 예정인 크래프톤의 주요 신작 (자료; 크래프톤 IR)

한 주식 보상비(약 609억 원), PGC 개최 비용 (240억 원) 등의 일회성 비용이 발생했는데, 2022년에는 그런 일회성 비용과 마케팅 비용이 큰 폭으로 줄어들어 재무제표 개선에 박차를 가할 전망이다.

크래프톤은 현재 글로벌 슈퍼 흥행 IP 중 하나를 보유하고 있다는 커다란 장점이 있지만, 3N에 비해 업계 경력이 10년 정도 뒤진다. 이는 축적된 개발 콘텐트가 부족하다는 단점으로 바꾸어 말할 수 있다. 그럼에도 크래프톤은 막대한 공모자금을 바탕으로 한 유수 개발사 인수와 개발 인력 영입을 통해 이런 핸디캡을 극복할 전망이다. 특히 장병규 의장의 지시로 '배틀그라운드'는 물론 '배틀 로얄' 장르를 창시했던 아일랜드 출신의 브렌던 그린(Brendan Greene)을 한국으로 영입했는데, 그는 크레이티브 디렉터로서 역할을 충실히 다했다. 뒤이어 애니메이터 앤디 파월(Andy Powell)과 폴란드에서 활동하던 총기 사운드 전문가까지 합류하여 '배틀그라운드'라는 게임을 전 세계에 통하는 감성으로 탈바꿈시켰다.

스트라이킹 디스턴스의 콘솔 신작 '칼리스토 프로토콜(The Callisto Protocol)'은 '데드 스페이스(Dead Space)'와 '콜 오브 듀티(Call of Duty)' 시리즈의 제작을 이끌었던 글렌 스코필드(Glen Schofield)가 제작 총괄하고 있는 게임으로, 2020년 12월 북미 최대 게임쇼 TGA에서 트레일러가 공개된 후 억대 조회 수를 기록하며 세계 전역에 큰 관심을 모았다. 크래프톤

(특히 김창한 대표)은 북미 개발자들의 기획력과 한국인들의 개발 능력을 융합시키는 데 탁월한 자질이 있다. '칼리스토 프로토콜'은 한 번쯤 기대해도 좋을 만한 글로벌 흥행 가능성을 가진 크래프톤의 대표작이 되지 않을까, 나는 그렇게 생각한다.

현재 크래프톤의 대표이사를 맡고 있는 김창한 PD는 옛 블루홀 시절 경력 사항에 성공시킨 게임이라곤 한 줄도 없던 그저 그런 개발자였다. 그랬던 그가 2015년 'TSL(Team Survivor League)'이라는 제목이 붙은 제안서를 들고서 장병규 의장의 집무실 문을 두드렸다. 그 제안서는 '배틀 로얄', '스팀 유통'과 같은 당시 국내 게임 시장에 생소했던 단어들로 가득 차 있었다. 장병규 의장이 물었다. "당신은 배틀 로얄 장르와는 전혀 다른 커리어를 쌓아왔지 않습니까?" 김창한이 답했다. "성공한 사람들 대부분은 한 번도 해보지 않은 새로운 것을 해서 성공합니다. RPG 장르는 엔씨소프트가 19년째 해왔기 때문에 다른 업체가 경쟁하기 어렵습니다. 모바일 게임이 처음 나왔을 때는 아무도 해보지 않은 것이니 모두에게 경쟁력이 있었습니다. 배틀 로얄 장르도 마찬가지입니다. 아무도 안 해본 것이기 때문에 오히려 괜찮은 겁니다." 개발비 30억 원을 타내기 위해 싸웠던 김창한 대표는 아무도 걸어보지 않은 길을 택해 크래프톤을 시총 10조 원이 넘는 거대기업으로 만들었다.

아무도 걷지 않는 길을 걷는 그의 DNA는 크래프톤의 조직 문화가

되어가고 있다. 선례가 없었던 국내 게임사의 AAA급 콘솔 게임 제작을 시도하고 있고, 아무도 개척하지 않은 채 보고만 있던 인도와 중동 시장에 뛰어들어 총력을 기울이고 있다. 크래프톤은 최근 인도 오디오 콘텐트 플랫폼 쿠쿠 FM(Kuku FM)에 대한 투자를 단행했고, 2021년에는 인도 게임 스트리밍 스타트업인 로코(Loco), 웹소설 플랫폼 프라틸리피(Pratilipi), 스포츠게임 개발사 노틸러스 모바일(Nautilus Mobile), E-스포츠 기업 노드윈 게이밍(NODWIN Gaming), 소셜 플랫폼 프렌드(FRND) 등에 투자했다.

2021년 7월 인도 시장에 출시한 '배틀그라운드'는 불과 44일 만에 누적 다운로드 5,000만 회를 돌파했다. 국내 스마트폰 보급률이 겨우 41% 수준이고 머지않아 전 세계 평균인 67%로 올라설 것으로 전망되는 나라 인도에서 이룩한 초기 실적이다. 게다가 최근 인도 정부는 보안 문제를 명분으로 중국 기업의 애플리케이션 유통을 금했다. 인구 2위인 인도의 게임 시장은 전 세계 어떤 지역보다 급성장할 것이 확실해 보인다. 그리고 그 중심에는 크래프톤이 있을 것이다. 올해 '뉴스테이트'의 매출 회복과 마케팅 비용 감소 등으로 실적이 회복된 다음, 연말 '칼리스토 프로토콜'의 흥행 이슈에 발맞춰 크래프톤 주가는 상승의 길을 밟을 것으로 보인다. 글로벌 게임사로서 크래프톤의 도약은 지금부터가 시작이다.

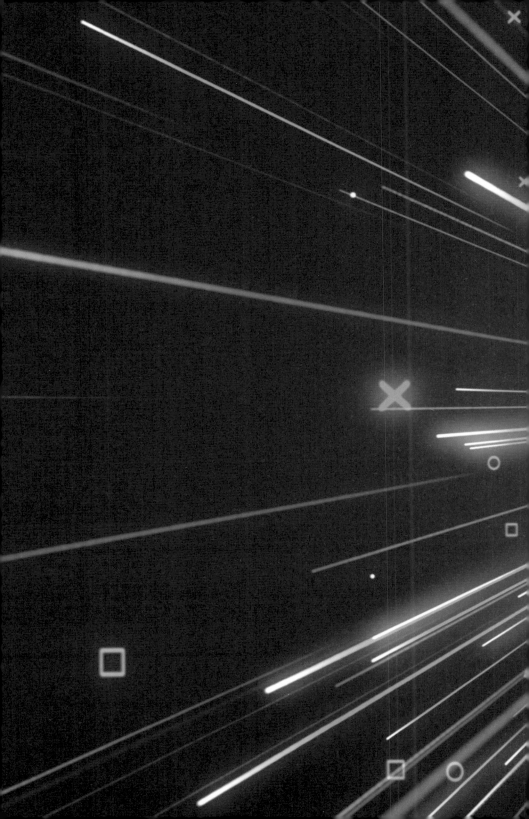

PART 7

중형 게임사의
투자 매력도 분석

1

컴투스 : Best of the Best

2013년 말 컴투스의 대표 IP인 '서머너즈 워'가 출시되었다. 주가는 10배나 뜀박질했다. 그러나 이후 주가는 7년째 제자리걸음이다. 영업이익도 그때 안착한 1,000억 원대를 유지하면서 그냥 안정적인 흐름을 보여주고 있다. '서머너즈 워 : 천공의 아레나'라는 MMORPG 단일 게임이 컴투스의 8년을 책임진 것이다. 이 IP를 활용해서 2021년 4월 '서머너즈 워 : 백년 전쟁'이라는 실시간 대전 장르의 게임을 내놓았지만, 육성의 재미를 찾을 수 없었기에 유저들의 큰 반응을 얻지는 못했다. 결국, 컴투스에게 필요한 것은 '서머너즈 워 : 천공의 아레나'의 전통을 계승해줄 신작이었다. 시계를 앞으로 당겨 2022년 2분기에는 바로 그런 정통 계승 작품이 8년 만에 글로벌 수준으로 출시될 예정이다. '서머너즈 워: 크로니클'이라는 이름으로.

기존 '서머너즈 워'의 매출 가운데 75%가 해외에서 발생해왔던 터라 기존의 네트워크를 충분히 활용할 수 있으므로, '서머너즈 워: 크로니클'의 글로벌 매출도 상당히 빠른 템포로 진행될 뿐 아니라, 영업이익 증가 속도 또한 3분기를 기점으로 가파르게 상승할 것이 확실해 보인다. 게다가 2022년 4월 말 기준 컴투스의 PER은 9.8배에 불과하다.

컴투스 스스로도 '서머너즈 워: 크로니클'을 가리켜 "글로벌 P2E 게임 시장의 성장을 주도할 킬러 콘텐트"라고 IR 자료에 뚜렷이 명시했다. 인터넷 및 게임 애널리스트들 또한 일찍이 이 컴투스를 탑 픽에 슬그머니 올려놓은 상황이다. 나도 두말할 것 없이 그 견해에 동조하는 바이다. '크로니클'은 두 달 내로 일부 국가에서 소프트 론칭할 예정이기 때문에, 그 행보를 미리 파악하기도 아주 쉽다.

이 외에도 컴투스는 메타버스 선도 기업인 위지윅스튜디오의 지분 38.1%를 보유하여 자회사로 두고 있으며, 그보다 '쿠키런 킹덤'으로 이미 흥행 가도를 달리고 있는 데브시스터즈의 지분 14.1%를 보유한 2대 주주이기도 하다. 현재 위지윅스튜디오 주가는 메타버스 테마와 맞물려 다소 고평가된 경향이 있지만, 이를 차치하고라도 데브시스터즈의 적정 시총을 1조 2,000억 원으로 가정했을 때, 컴투스가 보유한 지분은 약 1,700억 원으로 평가받을 수 있다.

컴투스는 창립 당시 2010년과 2018년 12월 데브시스터즈의 지분 총 9.37%를 취득했고, 2021년 2월 5.51%를 추가 취득했다. NHN은 데브시스터즈의 주가가 대폭 상승하자 자신이 보유한 지분 6.59%를 시간 외 대량매매(블록딜)방식으로 매각했으며, 컴투스가 이들 중 대다수를 사들인 것이다. NHN은 사업 확장으로 자금이 부족한 상황이었고, 컴투스는 데브시스터즈의 성장이 지금부터 시작이라고 뜻을 밝힌 것이다. 컴투스는 이날 "데브시스터즈의 향후 성장 가능성, 기업가치에 주목해 지분을 추가 매입했다. 오랜 기간 우호적 관계를 맺고 있으므로, 더 큰 성장과 글로벌 시장 확대를 위한 다양한 비즈니스 협력 논의는 언제든 가능할 것으로 생각하고 있다."고 밝혔다.

14%의 지분은 22% 수준의 최대주주인 창립자 지분과 큰 차이가 없는 점, 컴투스의 데브시스터즈 지분 투자가 창립 당시부터 이어져 왔다는 점, 데브시스터즈의 글로벌 마케팅에 컴투스가 가진 퍼블리싱 역량이 시너지를 낼 수 있다는 점, '서머너즈 워'를 보강해줄 추가 IP에 대한 컴투스의 강한 수요 등을 미루어 보았을 때 향후 데브시스터즈의 인수 역시 충분히 가능한 시나리오로 보인다.

'서머너즈 워: 크로니클'이라는 강력한 모멘텀 외에 컴투스는 '서머너즈 워: 백년전쟁'은 P2E 버전으로 업데이트하고, '컴투스 프로야구 V22', '낚시의 신 : 크루', 'The Walking Dead: Identities', '골프스타 챔피언쉽', '월드 오브 제노니아' 등 모두 5개의 신규 게임을 추가로 론칭할 계획이다.

2020년 '서머너즈 워'는 중국 판호를 받았다. '서머너즈 워: 천공의 아레나'가 2014년 6월 출시되어 애플 앱스토어를 통해 서비스되고 있었고, 모바일 게임의 판호 발급이 의무화된 시점은 2016년 9월이었다. 그러나 중국은 바이두, 360 같은 다양한 자체 안드로이드 마켓을 갖고 있으며, 이들의 비중은 75%이다. 결국 중국 시장은 이들 안드로이드 마켓을 여하히 공략하느냐로 성패가 좌우된다고 볼 수 있다. 그런데 컴투스가 본격적으로 안드로이드 마켓에 대한 프러모션을 진행하려던 2016년, 모든 국내 게임의 판호 발급이 중지된 것이다. 이에 컴투스가 대안을 모색하던 중 안드로이드 버전 불법 개조 '서머너즈 워', 일명 해적판이 성행하면서 인기가 하늘을 찔렀지만, 컴투스가 거둘 수 있는 수익은 없었다. 현재 '서머너즈 워'의 매출 가운데 중국 시장이 차지하는 비중은 20% 미만이다.

판호 발급이 실현되면 본격적인 안드로이드 마켓 영업이 가능해져 중국 시장에서의 추가 매출 증가도 기대해볼 수 있다. 그리고 외자 판호의 경우 하나의 IP에 대해서 판호를 받아놓으면, 그 시리즈물의 허가 발급은 절차가 훨씬 간편해지는 특징이 있다. 컴투스는 '서머너즈 워: 천공의 아레나'를 집중적으로 마케팅하기보다 획득한 판호를 지렛대 삼아 '서머너즈 워: 크로니클'의 중국 출시에 역점을 둘 의도인 것 같다. 이는 중기적인 관점에서 옳은 방향성이라 생각된다.

그리고 한 가지 더 언급해두자. 애플의 앱스토어 또한 중국의 판호 정책에 동조하고 있다는 점이다. 그래서 애플은 2020년 7월 판호를 받지 않는 중국 앱스토어 게임 수천 개에 대한 업데이트를 중단하는 정책을 펴는가 하면, 앱스토어에 앱을 올릴 때 판호 번호를 반드시 입력하게 만들고 가짜 번호를 걸러내는 조치를 시작한 것이다. 물론 이런 조치가 취해진 초기에는 가짜 번호를 입력하거나 공란으로 두어도 게임 출시가 가능했다. 그땐 겉으로만 중국의 정책에 순응하는 것처럼 드러냈던 것인데, 2021년부터는 허수 번호를 걸러내는 작업을 시작한 것이다. 애플 역시 중국 매출의 비중이 급증함에 따라 정부 당국의 뜻을 거스를 수 없게 되었기 때문이다. 참고로 '던파 모바일'은 2017년 이미 판호를 발급받은 상황이다.

여기서 흥미로운 현상이 하나 발생했다. 외국 게임의 유입이 극도로 제한되자, 2004년 중국에 진출한 엠게임의 '열혈강호 온라인'의 인기가 역주행을 시작한 것이다. 17년이나 된 '옛' 게임으로 중국 유저들이 몰리기 시작한 것이다. 중국 시장에도 레트로 붐이 일어난 것일까. 엠게임의 경영진은 그간 중국 시장에서의 트래픽이 꾸준히 나오는 것을 보고 '열혈강호 온라인'의 업데이트를 꾸준히 해왔고, 중국 유저와의 소통도 소홀히 하지 않고 지속해왔다. 그런 노력이 17년이 지나서야 빛을 발한 것이다. 그 결과 엠게임은 영업이익 182억 원을 기록하며 창사 이래 최대 실적을 달성했다. 그리고 때맞춰 엠게임은 '열혈강호'의 모바일 버전인 '진열혈강호'에 대한 판호 획득에 도전하고 있다. '진열혈강호'의 서비스 성공을 단정할 순 없지만, 중국 내 '열혈강호' IP의 가치가 올라감에 따라 웹젠과 같은 IP 수출 비즈니스 모델도 가능한 상황이며 관련 제의도 계속 받고 있을 것으로 추측된다. 4월 말 기준 엠게임의 시가총액은 2,000억 원에 불과하다. 소형 게임사 가운데 성장 모멘텀이 가장 기대되는 기업이기도 하다.

본론으로 돌아와, 중국 내 외국 게임 도입의 제한이 강화되면서 오히려 이미 출시되어있는 웹게임이 흥행하는 이변이 나타나게 되었다. 다시 말해, 외국 게임의 수입이 제한될수록 이미 판호를 획득한 '검은사막 모바일', '서머너즈 워' 게임의 가치는 올라갈 거란 얘기다. 별도의 마케팅 없이 중국 시장에 출시할 수 있다는 자격만으로도 중국 유저들의 기대를 받는 효과가 발생하는 것이다. 그리하여 펄어비스와 컴투스 양사는 경쟁자가 줄어든 시장에서 자신들의 실력을 아낌없이 드러낼 전망이다.

게임주 빅뱅

컴투스는 게임 산업 외에도 콘텐트 제작사 위지윅스튜디오를 인수하여 연결 자회사로 편입했고, 컴투버스라는 메타버스 플랫폼 출시를 계획하며 장기적 관점에서 종합 콘텐트 회사로의 도약을 누구보다도 착실히 준비하고 있다. 2021년 8월 1,607억 원을 들여 위지윅스튜디오 지분 38%를 취득함과 동시에 경영권을 인수했고 연결 자회사로도 편입해, 위지윅스튜디오의 실적은 컴투스의 실적에 이미 반영되고 있다.

설립 초기 위지윅스튜디오는 영화제작사들과 계약을 체결하고 CG/VFX 특수 효과 용역을 제공하는 형태로 비즈니스를 시작했다. 2010년 후반부터 국내 블록버스터 제작 붐이 일었고, 용역단가 규모도 수십억 단위로 증가함에 따라 위지윅스튜디오의 매출과 기술력 수준도 덩달아 상승했다. 가격 대비 우수한 기술력으로 '나쁜 녀석들 포에버', '포드 vs 페라리' 등 할리우드 영화에까지 진출했고, 이를 통해 국내 증시 상장의 꿈도 실현할 수 있었다. VFX 시장의 규모는 그 산업의 출발부터가 콘텐트 제작사의 가치사슬(밸류 체인) 하단에서 출발했기 때문에 콘텐트 제작 사업의 규모를 따라가기가 어렵다. 그래서 위지윅스튜디오는 자신의 밸류에이션에 대한 명분을 제시하기 위해 콘텐트 자체 제작 및 제작사 인수에 열을 올리고 있다.

위지윅스튜디오는 컴투스의 자본력을 바탕으로 2021년 12월 이

정재, 정우성이 설립한 '아티스트 컴퍼니'의 경영권을 인수한다. 컴투스가 250억 원, 위지윅스튜디오가 800억 원을 공동투자하는 방식이었다. 이에 덧붙여 '성균관 스캔들'을 제작한 드라마 제작사 래몽래인, 예능 프로그램 제작사 이미지나인컴즈, 영화 투자 배급사 메리크리스마스까지 자회사로 편입했다. 2021년 3분기 기준 위지윅스튜디오의 전체 매출에서 VFX가 차지하는 비중은 27%이며, 콘텐트 사업이 51%를 점하고 있다. 그리고 2022년도를 위해 다양한 자체 제작 콘텐트 라인업을 보유하고 있다. 그러므로 위지윅스튜디오의 정체성을 '콘텐트 제작사'로 규정하는 것은 타당하다. 아닌 게 아니라, 위지윅스튜디오 스스로 소개 자료에 자신들을 '종합 미디어 콘텐트 제작사'라 부르고 있다. 자회사 래몽래인은 현재 코스닥에 상장된 상태이며, 확장현실(XR) 및 메타버스 콘텐트를 제작하는 자회사 엔피 또한 스팩(SPAC) 합병을 통해 코스닥에 상장되어 있다. 컴투스가 간접 지배하고 있는 콘텐트 상장사만 세 개인 셈이다.

여기서 역설적인 한 가지 사실을 짚고 넘어가자. 2021년도 영업이익 약 50억 원인 위지윅스튜디오의 시가총액이 2022년 4월 말 기준으로 1조4,000억 원인데, 컴투스의 시총은 1조3,000억 원이라는 점이다. 컴투스는 2021년 '컴투버스' 사업 관련 영업비용 급증으로 연간 50% 넘게 역성장한 끝에 영업이익 527억 원을 기록했다. 이 때문에 주가는 하락했지만, 4분기 매출 1,761억 원에 연간 매출 5,587억 원으로 사상 최대 실적을 올렸다. 우리는 이 점에 주목할 필요가 있다. 다시 말해서 컴투스의 연평균 영업이익이 위지윅스튜디오의 그것보다 10배 이상임에도 불구하고, 컴투스의 시가총액은 위지윅스튜디오보다 오히려 적다는 점이다. 현재 시장이 게임 산업을 얼마나 저평가하고 있는지를 극명하게 보여주는 대목이라고 볼 수 있다. 즉, 컴투스의 메타버스 사업이나 위지윅스튜디오의 콘텐트 제작 사업이 성장하여 게임사로서의 정체성이 희석될 경우, 오히려 컴투스의 밸류에이션은 한층 더 상승할 것이라고 해석할 수 있다. 크래프톤은 상장 전에 공모가를 산정할 때, 월트 디즈니와 워너 뮤직 그룹을 비교 대상 기업으로 꼽았다. 이 둘의 PER이 80배 이상이어서 자신들의 밸류에이션 해석에 유리했기 때문이다. 물론 투자자들은 이 같은 크래프톤의 아전인수식 해석에 의문을 품었지만, 컴투스는 실질적으로 이러한 방향으로 사업을 확장하고 있는 것이다. 극히 희망적인 이야기이긴 하지만 이해를 위해 예로 들자면 컴투스의 2022년 예상 당기 순이익은 1,800억 원인데, 여기에 80배의 PER을 적용한다면 적정 시가총액은 14조4,000억 원 수준이라는 예측이 가능해진다. 그렇기에 컴투스는 본업 외에 '컴투버스'와 콘텐트 사업에 대한 홍보를 강화하고 있는 것이다.

좀 더 자세히 살펴보자. 컴투스의 정체성을 게임이라고 가정한 다음, 목표 주가를 산정해보자면 다음과 같다. 컴투스가 보유하고 있는 위지윅스튜디오의 지분 가치는 이익 창출 능력에 비해 고평가되었다고 판단되므로, EV/EBITA 평가보다는 영업이익에 집중하여 목표가를 산정하고자 한다. 우선 누적 다운로드 1억3천만 회, 한국 모바일 단일 게임 최초 매출액 1조 원을 달성한 대표 IP '서머너즈 워'는 일 매출 10억 원 수준을 견고하게 유지하고 있다. 또 2022년 4월 대규모 업데이트를 진행한 이후 일 매출 80억 원을 넘어서며 자체 최고 매출 기록을 경신해, 이 IP의 저력을 과시하기도 했다. 4월 14일 전 세계 서버의 평균 동시접속자 수는 50% 가까이 상승했으며, 같은 기간 신규 유저는 84%, 복귀 유저는 254% 이상 증가했다. 애플 앱스토어 기준 독일과 그리스에서 게임 매출 1위를 기록했으며, 프랑스, 네덜란드, 오스트리아 등 유럽 국가에서 매출 10위권에 올랐고, 미국과 캐나다, 브라질, 아르헨티나 등의 국가에서도 10위권에 재진입했다. 그뿐인가, 라오스 매출 1위, 한국, 싱가포르, 태국, 홍콩, 대만 등 아시아 주요 지역에서도 10위권에 안착했다. 1억3,000만 명 이상이 다운로드한 '서머너즈 워'의 글로벌 흥행력을 재확인해주는 대목이다. 나아가 '서머너즈 워: 크로니클'의 성공 가능성도 이를 통해서 유추해볼 수 있다.

'서머너즈 워: 크로니클'은 아시아 지역 매출 상승과 국내 시장 재흥행 효과로 2022년 연 매출 3,000억 원을 달성할 것으로 보인다. 이에 더해 래몽래인, 위지윅스튜디오, 엔피 등 연결 자회사 매출의 호조에 힘입어 창사 이래 처음으로 연 매출 1조 원을 큰 어려움 없이 달성할 것 같다. 백경진 사업본부장이 2021년 8월 실적 발표 컨퍼런스 콜에서 공언했던 내용 그대로다.

이 외에도 C2X 코인의 상장이 가져올 자산 가치 증대 효과와 컴투스가 맡은 '쿠키런 킹덤'의 유럽 지역 퍼블리싱 수익도 기대되지만, 이런 요소들은 배제하기로 한다. 컴투스는 자체 글로벌 퍼블리싱 역량을 가지고 있어 대부분의 퍼블리싱을 기업 내부에서 소화하기 때문에 영업이익률이 높은 편이다. 이에 '크로니클'로 인한 매출 3,000억 원과 기존 포트폴리오를 통한 매출 5,500억 원, 그리고 연결 자회사 매출 1,500억 원을 모두 합한 1조 원에 예상 평균 영업이익률 22%를 곱하면 2,200억 원의 영업이익이 산출된다. 그래서 2022년은 창사 이래 처음으로 영업이익이 2,000억 원을 넘어서며 컴투스가 대형 게임사로 거듭나는 한 해가 될 것으로 전망한다. 그러면 적정 시가총액 수준은? 영업이익 2,200억 원에 타깃 배수 27을 곱해서 5조9,400억 원의 적정 시총이 나온다. 이를 다시 발행 주식 총수(12,866,420)로 나누었을 때 컴투스의 목표 주가는 461,666원으로 잡아볼 수 있다.

카카오게임즈 : '오딘'에 거는 기대

카카오게임즈는 카카오의 게임 사업 부문이 분사하여 다음게임 및 엔진과 합병해서 탄생한 회사다. 2010년대 초 카카오는 자신의 막대한 이용자들을 활용하여 수익을 창출하는 방안을 활발히 논의했다. 그러다 만들어진 것이 '카카오 게임 하기'라는 비즈니스 모델이다. 2012년 8월 카카오는 중소형 게임주들을 대상으로 자신들의 플랫폼에 합류할 것을 권유했다. 그중 한 회사가 바로 '애니팡'을 만든 선데이토즈다. 카카오 플랫폼에 게임사가 들어오게 되면 매출액의 20% 정도를 수수료로 내야 하지만, 계정 연동을 통한 간편 회원가입, 친구 초대를 통한 게임 내 재화(하트) 획득, 재화(하트) 선물 등의 기능이 추가되어 강력한 흥행 효과를 누릴 수 있게 된다. '애니팡'이 그처럼 흥행한 데에는 게임 자체의 신선함도 있지만, '카카오 게임 하기'가 큰 역할을 했다. 이런 일련의 진전을 통해 카카오의 게임 사업 부문은 맹위를 떨쳤다. 그 뒤 카카오가 엔진이라는 게임 퍼블리싱 기업을 인수하게 되고, 다음카카오가 합병함에 따라 오프라인 PC방 영업에 강점이 있던 다음게임이 카카오의 산하로 들어오게 되었다. 이 세 개 회사를 합병하여 PC와 모바일을 넘나드는 거대 게임 퍼블리싱 기업이 탄생했으니, 바로 카카오게임즈였다.

퍼블리싱이 무엇을 의미하는가? 게임 개발사와의 계약을 통해 흥행이 될만한 게임을 선제적으로 발굴하고, 마케팅, 프러모션, 운영 등 게임 매출과 관련한 모든 업무를 집행하여 게임의 가치를 끌어올리는 일이다. 그리고 그 대가로 개발사와 수익을 공유한다. 카카오는 이미 5,000만 유저를 확보하고 있었으니, 이러한 게임 마케팅을 진행하기가 훨씬 수월했고, 이런 비교우위의 기반 위에 폭발적으로 성장한 것이다. 그 유명한 '검은 사막', '배틀그라운드'의 국내 사업은 바로 이 카카오게임즈의 손을 거친 것이다.

카카오게임즈는 축구장의 수비수처럼 게임사들의 공격적인 활동을 전방에서 지원하면서 그 크기를 키워왔다. 그리고 결과론적으로 막대한 영업이익을 쌓아 올리게 되었다. 그렇지만 어느 시점에 성장의 한계에 직면한다. 자체 IP가 없이는 더 성장하기가 힘들 정도로 회사가 커졌기 때문이다. 그러나 퍼블리싱에 특화된 전문성을 쌓아왔던 카카오게임즈에 게임 개발 역량은 없었다. 수년간 오로지 마케팅에 집중해온 까닭에, 십수 년에 걸쳐 개발만 하는 국내 대형 게임사들의 역량을 도저히 따라갈 수가 없었던 것. 하지만 카카오게임즈에겐 넉넉한 자본이 있었다. 그래서 개발사를 인수하기로 마음먹은 것이다.

먼저 2018년 라이온하트 스튜디오와 퍼블리싱으로 연을 맺었고, 그들이 개발한 '오딘: 발할라 라이징'이 글로벌 대작이 될 가능성을 보이자 아예 이 회사를 사들인 것이다. 그리고 이 게임은 '리니지'에 이어 국내 매출 3위를 안정적으로 점유하고 있으며, 현재 카카오게임즈 매출의 절반가량을 책임지고 있다. 라이온하트가 카카오게임즈의 연결 자회사로 편입되면서, 카카오게임즈는 걸출한 자체 IP 게임을 가진 게임 대기업으로 재탄생한 것이다.

오딘은 하향 안정화 국면에 접어들어, 일 평균 17억 원의 매출을 견고하게 유지하고 있으며, 대만 출시도 성공적으로 마쳤다. 이와 함께 카카오게임즈는 '프로젝트 Ares', 나인아크의 '에버소울' 등의 신규 라인업도 확보했고, 크래프톤 지분 1.93%와 넵튠 지분 31.7%를 보유하고 있다. 카카오게임즈의 2022년 전략적 오리엔테이션은 엔씨소프트와 같다. 대만 시장에 출시한 다음 순차적으로 일본, 북미, 유럽 시장으로 확장하겠다는 계획인 것이다. 2022년 카카오게임즈의 '오딘'

으로 인한 총 매출은 국내 6,000억 원, 글로벌 4,000억 원으로 모두 1조 원의 매출고를 무난히 달성할 것을 보인다. 다만 한 가지 아쉬운 점이 있다면, '오딘'은 카카오게임즈가 자체 개발한 IP가 아니라는 사실이다. 엔씨소프트와 차이가 나는 대목이다. 2021년 11월 1일 카카오게임즈는 라이온하트 스튜디오의 지분 인수 콜옵션을 행사함으로써 추가 지분 30.37%를 확보하여, 현재 지분율이 총 51.95%에 이르렀고 그해 4분기부터 라이온하트를 연결 자회사로 편입했다. 이에 따라 분기별로 약 200억 원의 PPA 상각비(기업 인수 과정에서 생기는 무형자산 상각 비용-)가 발생할 전망이다. 이 같은 상황을 종합적으로 고려해볼 때, 카카오게임즈의 2022년 영업이익은 2,500억 원 수준으로 예측되며 북미와 유럽 지역 흥행에 성공한다면 4,000억 원까지 증가할 여력이 있다고 판단된다. 보수적인 예상 영업익 2,500억 원에 타깃 배수를 적용하면 적정 시총은 6조 7,500억 원, 목표 주가는 85,891원으로 계산된다.

'카카오'라는 타이틀 덕분에 수급 환경이 다른 기업들에 비해 유리하고, 따라서 카카오 주가는 적정가치 수준에서 크게 동떨어지지 않게 형성되어 있는 상황이다. 카카오게임즈의 1권역 성과는 현재 주가에 미리 반영되어 있다고 보아도 무방하다. 그럼에도 '오딘'의 유저 가운데 3040세대 비중은 57%, 20대 비중은 무려 31%로, 엔씨소프트가 공략하지 못한 2030세대에게 큰 호응을 얻고 있어서, 국내 장기 흥행 IP로 자리매김할 가능성을 보여준다. 또한, 카카오게임즈는 유럽법인인 카카오게임즈 유럽을 통해 라이온하트를 인수했다. 그것은 북미 및 유럽 지역에 출시될 '오딘'이라는 타이틀에 거는 기대를 드러낸다. '오딘'은 북유럽 신화의 세계관을 바탕으로 한 게임이어서, 글로벌 흥행 가능성이 충분하다고 판단된다. 북미와 유럽 지역의 성과가 향후 카카오게임즈 성장을 가늠하는 척도가 될 것이다.

게임주 빅뱅

③

펄어비스 : '검은 사막 모바일'의 역할

펄어비스는 2010년에 설립되었다. 이후 2014년 12월까지 약 4년에 걸친 개발 끝에 PC MMORPG '검은 사막'을 한국에 출시했고, 뒤이어 시장을 글로벌로 확대하면서 대표 IP로 자리 잡았다. '검은 사막'은 뛰어난 그래픽 성능을 바탕으로 높은 자유도와 풍부한 콘텐트로 출시 7년이 지난 지금까지도 많은 유저를 확보하고 있다. 이후 2018년 2월 '검은 사막 모바일'을 국내 시장에 출시했고, 같은 해 8월, 2019년 2월, 12월 순차적으로 글로벌 출시하여 영업이익을 획기적으로 증가시켜왔다. 펄어비스는 한국형 MMORPG 콘솔 시장 공략의 선두주자로 2019년 5월 XBOX 버전을 출시하여 첫 달에만 24만 장의 판매고를 올렸고, 2019년 8월 출시한 '검은 사막 플레이스테이션4' 버전은 판매량

30만 장을 돌파했다. 그러니까, 서구 시장에 '로스트아크'가 활보할 길을 미리 터준 셈이다. 그리고 2020년 3월 4일 '검은 사막 콘솔'의 '크로스 플레이'를 론칭하여 플랫폼에 상관없이 '검은 사막'을 즐길 수 있는 획기적인 서비스까지 개발했다.

펄어비스는 이처럼 새로운 기술적 시도들을 가장 적극적으로 하는 기업으로 꼽힌다. 펄어비스는 MMORPG 특화 전략으로 언리얼, 유니티 등 상용화 엔진이 아닌 자체 엔진을 개발함으로써 독보적인 기술력을 보유하고 있다. 게임 엔진은 2D나 3D 장면을 화면에 구성하는 렌더링 엔진, 현실 같은 물리적 작용을 구현하는 물리 엔진, 캐릭터의 행동을 디자인하는 AI 시스템, 그리고 네트워크 관리 시스템 등으로 구성되는 통합 관리 소프트웨어다. 그런데 펄어비스는 이런 게임 엔진을 갖추어, 그들만의 특색있는 게임 구현과 빠른 개발이 가능해진 것이다.

펄어비스는 2018년 아이슬란드 소재 CCP라는 스튜디오를 인수하여 17년 전통의 '이브 온라인(EVE Online)'을 서비스함으로써 신성장동력을 마련했다. 이 외에도 2022년에는 '붉은 사막' IP 기반 PC 액션 게임 '붉은 사막'과 자회사 빅게임 스튜디오가 개발한 동명의 애니메이션 원작 게임 '블랙클로버' 등, 두 개의 굵직한 추가 라인업을 확보하고 있다.

주요 IP별 영업수익 | 지역별 영업수익 비중 | 플랫폼별 영업수익비중

◉ 펄어비스의 영업수익 분석 (자료; 펄어비스 IR 2021년 4분기)

　특히 '검은 사막 모바일'은 2021년 6월 중국 판호를 받아 2022년 내 출시를 앞두고 있다. 펄어비스가 텐센트의 계열사인 아이드림스카이(乐逗游戏; iDreamSky)와 중국 내 운영계약을 통해 중국 판호 획득에 도전한 지 2년 4개월 만에 성공한 것이다. '검은 사막 모바일'은 매출의 1/3을 차지하는 든든한 기둥으로, 중국을 제외한 글로벌 전 지역의 서비스도 가능했지만, 선호도가 가장 높은 중국 시장에 마침내 진출하게 된 것이다. 그렇지만 현재 '검은 사막 모바일'의 일 매출은 약 10억 원 수준으로 증권사 예상 수치인 30억 원에 미치지 못하는 아쉬운 성적을 거두고 있다. 그러나 신규 론칭 효과 소멸 이후 유저 트래픽이 점진적으로 상향하고 있다는 점, 과금 모델의 강화를 앞두고 있다는 점, 공성전/유저간(PvP) 전투 등 핵심 콘텐트가 아직 이루어지지 않다는 점을 미루어 볼 때 일 매출 10억 원 수준은 견고히 유지할 것으로 보인다.

펄어비스는 2001년 8월 26일 세계 3대 게임쇼의 하나인 독일 게임스컴 2021에 '도깨비'라는 신규 IP 게임의 플레이 영상을 공개했다. 주인공이 도깨비를 찾아 모험을 떠나는 이야기를 메타버스 오픈 월드에 구현한 게임으로, 탐험과 전투와 수집 등 다양한 콘텐트를 갖추었다. 게임성에 대한 호평 외에도 한국적 명칭과 캐릭터로 인한 한류 열풍 관련 이슈로 저녁 메인 뉴스에 등장했다. 당일부터 주가는 가파른 폭으로 상승했다. 현재 주가는 연초 대비 두 배가량 상승하여 밸류에이션 부담이 있는 상황이지만, '검은 사막 모바일'의 흥행이 이를 해소해줄 것으로 보인다.

펄어비스는 연평균 1,000억 원 수준의 영업이익을 꾸준히 창출하고 있고, '검은 사막 M'의 중국 진출과 '붉은 사막'의 출시로 500억 원 수준의 영업이익을 추가로 거두어들일 것이라 예상된다. 게다가 자체 게임 엔진을 보유하고 있다는 강점, '도깨비'라는 기존에 없던 장르의 IP가 전 세계적 관심을 받았다는 강점이 있다. 다만, 이 같은 강점들은 현재의 주가에 어느 정도 미리 반영된 상태다. 더구나 '검은 사막 모바일'은 여타 글로벌 시장에 이미 출시된 상황이기 때문에, 주가 상승을 위해서는 중국 내 '검은 사막 모바일' 관련 트래픽의 상승이 필요한 시점이다.

그러니까 8개월 운영 순 매출은 총 2,400억 원 수준이다. 여기서 순 매출의 20%인 약 480억 원이 펄어비스의 영업 실적에 반영될 전망이다. 또한, '검은 사막'은 PC 플랫폼을 주력으로 하고 있어 PC 게임 '검은 사막'의 추가 판호 획득을 통한 중기적 성장도 바라볼 수 있다. '붉은 사막'과 중국 '검은 사막 모바일'의 성과를 반영했을 때 펄어비스의 2022년 예상 영업이익은 2,000억 원 수준이다. 따라서 적정 시총은 5조 4,000억 원 정도가 되고, 목표 주가는 81,545원으로 계산된다.

웹젠 : 새로운 비즈니스 모델의 탄생

웹젠은 2000년 4월 설립된 회사로, '리니지'라든가 '바람의 나라'와 어깨를 견줄만한 '뮤'라는 걸출한 IP를 탄생시킨 게임개발사였다. '뮤'의 중국 서비스 계약과 발맞춰 2003년 5월 코스닥에 상장했다. 이 회사의 당기 순이익은 2020년 1,080억 원, 2021년 1,030억 원 수준으로 큰 변동 없이 유지되고 있다. '뮤' IP가 전체 매출에서 차지하는 비중은 70% 수준이다.

최근 새로움(New)과 복고(Retro)를 합친 소위 뉴트로 열풍이 게임계에도 불어닥쳤고, 고전 게임 IP의 역주행 시대가 시작됨에 따라 일찌감치 2003년 중국 시장에 진출했던 '뮤'의 가치도 덩달아 올라갔다. 보통 원저작자가 자신들의 IP 라이선스를 중국 시장에 판매하면, 매출의 10% 수준을 받는 식의 계약을 체결한다. 웹젠의 경우엔 '뮤'의 IP를 활용하여 2021년 중국에 출시했던 '영요대천사(荣耀大天使)', '전민기적', '전민기적2' 등의 게임이 훌륭한 캐쉬 카우, 즉, 효자상품이 된 것이다. '영요대천사'와 '전민기적' 시리즈는 각각 일 평균 매출 10억 원 수준을 지키며 10위권에 안정된 자리를 잡았고, 그에 따라 '뮤'가 가진 브랜드 가치도 퇴색하는 법 없이 잘 보존되어왔다.

여기서 아주 재미있는 점을 하나 지적하고 넘어가자. 중국 게임 '전민기적'은 '뮤 오리진'이라는 이름으로, 또 '영요대천사'는 '뮤 아크엔젤'이라는 이름으로, 우리나라에 역수출되어 모바일 매출 순위 상위권에 올랐다는 사실이다. 특히 2022년 2월 출시된 '뮤 오리진3'는 출

주요계약	내용
MU IP 모바일게임 퍼블리싱계약	1. 계약 내용: MU IP 모바일게임 한국, 북미 등 퍼블리싱계약 2. 계약조건: 계약상대방과의 영업비밀 보호 협약에 따라 공개하지 아니함 3. 계약상대방: Shanghai Tianluan Network Technology Co. Ltd 4. 계약체결일: 2015년 11월
MU IP 모바일게임 퍼블리싱계약	1. 계약 내용: MU IP 모바일게임 한국 퍼블리싱계약 2. 계약조건: 계약상대방과의 영업비밀 보호 협약에 따라 공개하지 아니함 3. 계약상대방: Guangzhou Jishang Information Technology Co., Ltd. 4. 계약체결일: 2019년 12월

◐ 웹젠의 2021년 3분기 보고서 중 주요 계약 사항 (자료; DART)

시 일주일 만에 구글플레이 매출 순위 5위권을 기록하는 저력까지 보였다. 한때 고전 MMORPG에 심취했던 30~40대 직장인 위주로 높은 매출을 일구어준 것이다. 텐센트가 우리나라 게임을 중국에 퍼블리싱해줄 때, 대략 매출의 70%에 해당하는 금액을 퍼블리싱 비용으로 받아가며 효율적으로 높은 이익을 창출했다. 이제 정반대 입장이 된 웹젠은 자신의 IP를 활용해 37게임즈, 천마시공이 개발한 게임을 국내 지역에 퍼블리싱함으로써 개발 비용이 초래한 리스크를 축소하여 효율적으로 영업이익을 창출하고 있다. 그 덕분에 웹젠의 영업이익률은 평균 30%를 넘어선다.

현재 웹젠은 중기적인 관점에서 스스로 개발한 IP인 'R2'을 확장하고, 다양한 장르의 모바일 게임을 출시하려는 계획을 세우고 있다. 그런데도 웹젠의 전체 매출 가운데 '뮤' IP의 비중은 70%에 달한다. 그리고 가장 주된 수익원은 '뮤' IP 수출과 '뮤 오리진' 및 '뮤 아크엔젤'의 퍼블리싱 수익이다. 앞서 언급했듯이, 중국 3대 퍼블리셔 중 하나인 아워팜은 2015년 '뮤 오리진'(전민기적) 시리즈를 개발한 천마시공을 인수했다. 그리고 다음 해에 NHN엔터테인먼트는 웹젠의 지분 전량을 중국 게임사 아워팜 계열의 투자회사 펀게임(FunGame International)에 양도했다. 그 결과 현재 웹젠의 2대 주주는 19.24%의 지분을 보유한 중국계 투자기업 펀게임이다. 지금으로선 중국 인수 관련 이슈가 꾸준히 제시될 수밖에 없는 이유다. '미르의 전설'이라는 IP를 탐냈던 성취게임즈가 미르 IP의 공동보유자 액토즈소프트를 인수한 것이 연상되지 않는가.

테센트는 펄어비스에도 투자 제안을 했다. 그러나 펄어비스가 이를 거절했다. 테센트는 최근 라인게임즈에 500억 원을 투자했다. 넷마블의 3대 주주는 테센트 계열 투자 자회사이고, 크래프톤의 2대 주주 또한 테센트 투자 자회사이며, 다른 이름의 투자 자회사는 카카오게임즈의 지분 4.13%를 보유하고 있다. 직접 투자가 아닌 자회사를 통한 투자이기 때문에 그 사실이 또렷이 드러나지 않는 경향이 있다.

그러나 현실적으로 기업의 관점에서 보았을 때, 테센트의 이러한 투자는 자신들의 성장에 득이 되는 점이 많다. MMORPG 게임 최대 시장인 중국으로의 진출이 상당히 유리해지기 때문이다. 테센트는 투자 회사의 가치를 올리기 위해서 퍼블리싱 역량을 십분 활용해줄 것이다. 게임 산업에 있어 테센트의 초거대 기업화는 이미 부정할 수 없는 자본의 흐름이며, 따라서 어떻게든 보다 유리한 방향으로 관계를 끌어나가는 것이 중요한 시점이다.

본론으로 돌아가자. '뮤 오리진3'는 '뮤' IP 모바일 게임 최초로 장기 흥행에 돌입할 것으로 전망된다. '뮤 오리진3'의 일 평균 매출은 8억 원 수준으로 알려져 있다. 퍼블리싱 계약 분배 비율을 7:3으로 가정했을 시, 웹젠이 수취할 연간 수입은 2,016억 원이다. '뮤 오리진'을 제외한 웹젠의 연 매출은 2,800억 원정도이므로, 총 매출은 4,816억 원 수준으로 예상된다. 퍼블리싱 매출의 비중이 늘어날 것으로 보아 영업이익률을 35%로 상향 조정하여 가정하면, 예상 영업이익은 총 1,686억이다.

웹젠은 자체 개발한 'R2M'이라는 모바일 게임을 갖고 있긴 하지만, 총매출에서 차지하는 비중이 20% 정도에 불과하다. 그래서 2021년 12월 '유니콘 TF'라는 태스크 포스를 신설하여 성장 가능한 우수 게임개발사를 발굴하기 위한 노력을 하고 있다. 웹젠은 자체 개발 역량의 한계를 인정하고 자신들만의 머니 게임을 펼치기로 계획한 것이다. 그러나 추가 성장 동력이 없는 상황에서 타깃 영업이익 배율을 적용하기에는 무리가 있다고 판단하여 2021년 영업이익 대비 시총 비율인 8배를 적용하면, 적정 시총이 1조3,488억 원으로 구해진다. 따라서 목표 주가는 38,197원으로 잡아볼 수 있다.

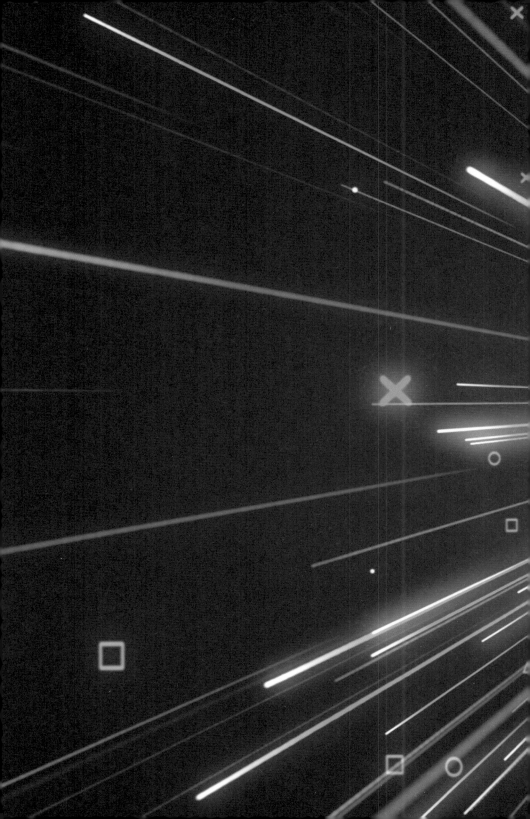

PART 8

넥스트 텐배거

데브시스터즈 : '쿠키런 킹덤', 이제부터 시작이다

작년 4분기부터 '쿠키런 킹덤'의 북미지역 흥행이 뜨겁고 열렬하게 이어지고 있다. 미국의 경우 애플 앱스토어 2위, 게임 매출 순위 3위에 오르기도 했다. 데브시스터즈가 북미와 유럽 시장에서 이렇듯 커다란 성과를 거둘 수 있었던 데는 컴투스의 조력이 있었다. 컴투스는 당사의 주요 주주로서 '쿠키런 킹덤'의 유럽 퍼블리싱을 총괄하고 있다. 그리고 현재 홈페이지에도 적시되어 있는 것처럼, 데브시스터즈는 중국 시장 진출에도 도전하고 있다. 구체적으로 지난해 9월 '쿠키런 킹덤'은 중국의 한 업체와 퍼블리싱 계약을 맺었다고 공시했다. 컴투스의 '서머너즈 워'가 중국의 판호 발급 재개 조치 이후 최초로 판호 획득에 성공한 것으로 미루어 보아 이 또한 컴투스의 조력이 뒷받침된 것으로 보인다.

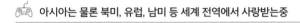
아시아는 물론 북미, 유럽, 남미 등 세계 전역에서 사랑받는중

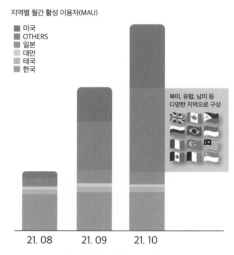

지역별 월간 활성 이용자(MAU)

- 미국
- OTHERS
- 일본
- 대만
- 태국
- 한국

북미, 유럽, 남미 등
다양한 지역으로 구성

21. 08   21. 09   21. 10

● 데브시스터즈 홈페이지 소개 자료

'쿠키런 킹덤'은 2021년 1월 21일 출시되어 국내 매출은 하향 안정화 국면에 접어들었고 같은 해 3분기부터 본격적으로 글로벌 시장 공략에 나섰다. 2020년 매출 705억 원에서 2021년 매출 3,693억 원으로 가히 폭발적인 성장을 구가하고 있다. 다만 초기 마케팅 비용 집행, 성과급 반영, 개발 인력 충원 등의 이슈 때문에 영업비용이 3,130억 원에 이르러, 영업이익률은 15.3%에 불과하다.

게임주 빅뱅

특히 '쿠키런 킹덤'의 해외 시장 개척을 위해 캐릭터의 목소리를 담당할 성우로 저명한 인플루언서를 참여시켰고, MZ세대 공략을 위해 인기 플랫폼인 로블록스 및 기피와 협업했다. 또한, 일본 시장의 경우 나루토의 성우로 유명한 타케우지 준코, 코드 기어스의 주역 후쿠야마 준을 기용하고, 소닉을 만든 세가와 협업하였다. 이외에도 글로벌 대규모 옥외광고 등의 공격적인 마케팅으로 관련 비용이 급상승했다. 이러한 초기 마케팅 비용이라는 문제가 해소되고 '쿠키런 킹덤'의 글로벌 일 평균 매출 10억 원을 현재와 같이 유지한다면, 영업이익 1,000억 원 돌파는 시간 문제라 할 정도로 가능성이 대단히 커 보인다.

'쿠키런 킹덤'의 매출이 2021년 4분기를 기점으로 큰 폭으로 상승하고 있는 가운데, 데브시스터즈는 2022년 하반기 '쿠키런: 오븐 스매쉬'라는 IP 확장 게임과 '세이프 하우스', '브릭스트' 두 가지 신규 IP를 출시하여 자신들의 핵심 경쟁력인 게임개발 역량도 입증할 예정이다. '쿠키런: 오븐 스매쉬'는 '서머너즈 워: 백년전쟁'과 비슷한 실시간 배틀 아레나 장르로 출시되어, 과금력은 부족하지만 일 평균 매출 5억 원 수준은 달성할 것으로 전망된다. 2022년 4월 25일 현재 데브시스터즈의 시가총액은 7,400억 원으로 PER이 12배에 불과하다. 2022년 한해 '쿠키런 킹덤'을 위한 마케팅 비용 집행이 축소되어 영업이익은 큰 폭으로 치솟을 것이다.

게임주는 매출 확장 폭이 다른 산업군에 비해 매우 가파른 특성을 보인다. 그래서 지금 주가가 얼마나 올랐느냐를 따지기보다는 앞으로 달성할 수 있는 매출 수준에 중점을 두고 가치를 평가해야 한다. 예상 실적만을 놓고 본다면 데브시스터즈는 여전히 극심한 저평가 국면이다. 데브시스터즈의 2021년 매출은 3,693억 원이었으며, 2022년에는 '쿠키런 킹덤'만 놓고 봐도 매출 6,000억 원은 충분히 달성 가능한 목표치다. 이 외 '쿠키런: 오븐 스매쉬'의 일 평균 매출을 5억 원으로 예상하고 글로벌 퍼블리싱 비용을 모두 공제하더라도 약 700억 원 정도의 추가 매출을 확보할 수 있을 전망이다. 거기에다 신규 IP 효과까지 더해진다면, 2022년 총 매출은 7,000억 원 수준으로 예상된다. 이 예상 매출에다 20%의 예상 영업이익률을 넣어보면, 2022년 예상 영업이익은 1,400억 원이다. 여기에 타깃 영업이익 배수인 27배를 적용하면 적정 시총은 3조 7,800억 원으로, 목표주가는 약 32만 원으로 계산된다.

차트 변동을 배제하고 기업이 이룩해나갈 재무적 성과를 예상하여 투자하는 것이 바로 가치투자다. 우리나라의 게임 산업이 GDP의 10%를 차지할 정도로 성장했는데도, 다른 산업의 종목에 비해 유독 저평가받았던 이유는 무엇일까? 나는 게임업종 영업이익의 영속성에 대한 의구심 때문이었다고 생각한다. 그랬기 때문에 하나의 게임이 흥행하면 그 기업의 주가는 치솟고, 이후 그 게임이 안정화 국면에 진입하면 다시 상승분을 반납하는 패턴을 보여준 것이다. '리니지'와 '뮤'라는

IP는 20년이 넘게 살아남았고, '던전앤파이터'는 17년을 잘 버텨왔다. '서머너즈 워'는 8년째 살아남았을 뿐 아니라, 오히려 글로벌 재흥행 국면에 돌입했다. 반짝 흥행했던 IP가 소리 없이 사라지는 사례도 없진 않지만, 3년 이상 살아남은 IP의 생명력과 그로 인하여 누릴 수 있는 영업이익은 우리의 예상보다 길고도 크다. '포켓몬스터', '소닉', '슈퍼 마리오'의 경우를 생각해보면 공감할 수 있지 않겠는가.

IP는 그 역사가 길면 길수록, 그 IP의 색이 뚜렷하면 뚜렷할수록, 유저들에게 오래도록 깊이 각인된다. '쿠키런'의 시초인 '오븐브레이크'는 2009년 글로벌 출시되어 유저들에게 선보인 지 13년에 이르렀다. '쿠키'를 시그니처로 한 세계 최초로 게임 IP다. 우리는 기하급수의 시대를 살고 있다. 성장에 한계와 족쇄가 점점 더 사라지고 있는 시대다. 특히나 게임 산업의 경우 이러한 경향은 두드러진다. 과거와 대비해서 주가가 올랐느냐의 여부가 아니라, 앞으로 얼마나 많은 돈을 벌어들일 것이냐가 우리의 유일한 가치 판단이다. 그렇게 본다면, 그리고 데브시스터즈가 중국 시장에 성공적으로 안착하고, 게임 산업 전반의 재평가로 중대형 게임사들의 주가가 상승해 밸류에이션 부담이 해소된다면, 이 기업은 3년 안에 넥스트 텐배거가 될 수 있는 자질이 충분하다고 판단된다.

②

엠게임 : 포스트 웹젠 혹은
포스트 위메이드

엠게임은 2021년에 창사 이래 최고 실적을 거두었다. 구체적으로 매출 557억 원(전년 대비 +31%), 영업이익 182억 원(+71%), 당기순이익 215억 원(+209%)이었다. 특히 4분기의 당기순이익은 61억 원으로 전년도 같은 기간 대비 755% 늘었다. 2003년 말 중국 시장에 진출한 PC게임 '열혈강호 온라인'이 뒤늦게 흥행에 성공했기 때문이다. 엠게임은 한때 국내를 주름잡는 메이저 게임사라고 불린 적이 있었다. 엠게임 포털에는 회원 수만도 800만 명을 뛰어넘었으며, 동시접속자 수 5만 명, 월 매출 10억 원이라는 화려한 성과를 내기도 했다. 그러나 2010년대에 들어서면서부터 엠게임은 하락세를 피하지 못했다. 전반적으로 게임의 채널이 모바일로 바뀌는 과정에서, 넥슨과 넷마블처럼 기민하게 대응하지 못한 데다 '열혈강호'를 잇는 후속 온라인 게임을 출시하지 못했기 때문이다.

그러나 엠게임은 앞서 언급한 것처럼, 중국의 판호 정책 덕분에 본격적으로 혜택을 받기 시작한다. 2017년부터 시작된 외국 게임의 수입 억제로 중국 내 '열혈강호 온라인'의 열풍이 불기 시작한 것이다. '열혈강호'의 매출은 중국에서 4년 전부터 꾸준히 상승세를 보이다가, 2021년 코로나-19 확산을 계기로 큰 폭의 성장 곡선을 그리기 시작했으며 이후 상승세는 더욱더 가팔라졌다.

이 '열혈강호 온라인'은 웹젠의 경우처럼 IP를 빌려주어 중국 회사가 개발하는 라이선스 수출의 형태가 아니라, 엠게임이 직접 개발하고 현지 회사가 퍼블리셔로 나섰던 케이스다. 그래서 엠게임이 받는 지급 수수료율이 상대적으로 높은 편이다. 이로 인해 55조 원 규모의 중국 시장에서 부는 시원한 산들바람이 시총 2,000억 원 규모의 소형 게임사 엠게임한테는 태풍과도 같은 실적 상승으로 몰아칠 것이다.

강영순 엠게임 '열혈강호 온라인' 사업부 실장은 이렇게 말한다. "'열혈강호 온라인'은 지난 2005년 중국 서비스 이래 최대 호황을 구가하는 중이다. 유저 밀집 지역에 정기적으로 신규 서버를 오픈하고, 최근 몇 년간 서버다운 없이 쾌적한 게임 환경을 제공한 것이 이용자들의 만족도를 높인 것 같다." 2004년 말 출시한 게임이 17년 만에 매출 최고점을 찍은 것이다. 게다가 이 신통한 역주행은 이제 겨우 시작일 뿐이어서 앞으로도 상당 기간 이어질 것으로 전망된다.

엠게임은 '한때' 메이저 게임사라는 타이틀을 입증하듯, 이 외에도 다른 대안들을 여럿 모색해놓은 상태다. 자신들의 두 번째 메이저 IP인 '귀혼'을 15년 만에 횡적 확장한 '귀혼 M'을 2022년 내 출시할 예정이고, '열혈강호 온라인'의 모바일 버전인 '진열혈강호'를 동남아시아 및 국내에 선보일 예정이다. 이 외에도 외부 개발 게임인 '이모탈(Immortal)'의 퍼블리싱 사업권을 획득하여 2022년 상반기 중 태국과 싱가포르, 베트남, 말레이시아, 인도네시아 등 동남아시아 지역에 내놓을 예정이다. 또한, '배틀스티드: 군마(Battle Steed: Gunma)'라는 로봇 FPS 게임을 직접 개발하여 2분기 중 스팀 플랫폼에 정식 출시하려는 계획이나, 뚜렷한 흥행 여부는 가늠하기 힘든 상황이다.

'열혈강호' IP의 자체개발 모바일 게임인 '진열혈강호'의 경우, 현재 태국 시장에서 매출 순위 20위 권에 진입함으로써 성공적으로 안착했으며, 곧이어 베트남 시장에도 출시되었다. 이후 업데이트를 거쳐 하반기 국내 시장에 진출할 것으로 보인다. 최근 동남아시아의 MMORPG 시장의 성장이 가파르게 이어지기 때문에 '진열혈강호'를 통해 동남아시아 지역권에서 일 평균 매출 2억 원 정도의 성과를 거둘 수 있을 것으로 전망된다. 이와 비슷한 일례로, 나스닥에 상장된 국내 게임사 그라비티는 '라그나로크 모바일'의 흥행으로 동남아시아 지역권을 위주로 작년 970억 원의 영업이익을 거두어들였다. 특히 '라그나로크 X'의 경우 동남아시아 지역에서 1,000만 다운로드를 기록하며 태국, 인도네시아, 필리핀 지역 애플 최고 매출 1위, 홍콩 양대 마켓 매출 1위, 마카오 지역 구글 매출 1위 등의 성과를 이룩했다. 이 시장에서 기대할 수 있는 수익이 결코 만만치 않음을 알 수 있다. 동남아시아 지역에서도 '열혈강호 온라인'은 중국과 비슷하게 탄탄한 브랜드 인지도를 누리고 있어 향후 수익 증대가 기대된다.

무엇보다 '열혈강호' IP의 가치가 거침없이 꾸준하게 상승하고 있다. 2021년 중국발 '열혈강호' 매출은 전년 대비 70% 이상 상승했고, 2022년에도 약 20% 정도의 성장이 예상된다. 이에 더해 '귀혼 M'의 출시와 '영웅 온라인'의 위믹스 온 보드 이슈 등을 종합적으로 고려했을 때, 2022년 엠게임의 영업이익 추정치는 약 300억 원 수준이다. 그 위에 신규 라인업 '진열혈강호'의 전체 일 평균 매출을 2억 원으로 가정하고 7개월 운영한다고 가정할 때, 약 126억 원 정도의 추가 영업이익이 발생할 것으로 전망된다. '진열혈강호'의 경우 현재 국내 시장의 MMORPG 게임들보다는 낮은 사양으로 출시된다는 단점이 있지만, '열혈강호' IP에 대한 선호도가 깊은 40대 유저 위주로 유의미한 매출이 발생할 것으로 추측되며, 동남아시아의 현재 흥행 흐름을 보았을 때 충분히 달성 가능한 목표치다.

🎮 공시대상 기간(최근 5사업년도) 중 회사의 연혁

일자	주요 내용
2017년 03월 30일	증강현실(AR) 모바일게임 "캐치몬" 국내 출시
2017년 04월 05일	모바일 RPG "크레이지드래곤" 글로벌 출시
2017년 05월 22일	인게임 광고 기반 모바일게임 "볼링볼즈" 글로벌 출시
2017년 08월 17일	유상증자(제3자배정)
2018년 01월 17일	㈜엠글로벌스 설립(*)
2018년 01월 24일	농업회사법인 엠팜(주) 설립
2018년 03월 29일	온라인게임 "귀혼" 대만 서비스
2018년 05월 02일	퍼즐 모바일게임 "귀혼 소울세이버" 전세계 출시
2018년 09월 17일	모바일 카지노게임 "카지노바 럭앤롤" 유럽 38개국 소프트런칭
2019년 12월 17일	모바일 소셜카지노 "드림랜드 카지노" 글로벌 출시
2019년 01월 17일	온라인게임 "나이트 온라인" 대만, 홍콩, 마카오 서비스
2019년 02월 08일	㈜스타일어시스트 설립
2019년 04월 05일	방치형 모바일게임 "소울세이버: 아이들RPG" 글로벌 출시
2019년 06월 12일	온라인게임 "귀혼" 태국 서비스
2019년 11월 05일	정통 무협 MMORPG "일검강호" 국내 출시
2019년 12월 03일	온라인게임 "열혈강호 온라인" 말레이시아, 싱가포르 서비스
2020년 09월 29일	블록체인게임 "프린세스메이커 for Klaytn" 출시
2020년 12월 10일	모바일 MMORPG "진열혈강호" 대만 출시
2021년 01월 07일	스포츠 승부예측 게임 "윈플레이" 출시
2021년 08월 23일	MGame Almaty LLP, 설립
2021년 09월 28일	모바일 MMORPG "진열혈강호" 태국 출시
2021년 10월 22일	하이브리드 전쟁 RPG "이모탈" 국내 출시

※ (*) 당기 중 회사명이 ㈜블록체인인사이드에서 ㈜엠글로벌스로 변경되었습니다.

게임주 빅뱅

총 426억 원 수준의 영업이익과 자체개발 역량에 대한 검증은 필요하겠지만, 아무튼 타깃 영업이익 배수 15를 곱하면 6,390억 원의 적정 시총이 나오고 32,696원의 목표주가가 산출된다. 엠게임은 '나이트 온라인', '귀혼', '영웅' 등 자체개발 MMORPG IP를 가지고 있지만, 모바일 게임 흥행작은 아직 출시하지 못했다. 상반기 중 출시될 '귀혼M' 이 엠게임의 개발 역량을 가늠할 수 있는 주요 지표가 될 것이다.

　현재 엠게임은 두 가지 방향성을 앞두고 있다. '열혈강호'의 IP 가치가 '뮤'의 그것과 비슷한 수준으로 성장함에 따라, 웹젠과 같이 중국 개발사에 IP를 대여해주고 로열티를 받는 비즈니스 구조를 갖추는 방법이 첫째 방향이다. 또 하나는 위메이드의 경우처럼 '열혈강호' IP를 활용한 자체개발 게임을 글로벌 출시하는 방향이다. 비록 크게 성공한 적은 없지만, 엠게임은 스팀 플랫폼 게임 출시, 소셜 카지노 게임 개발, 블록체인 게임 개발 등을 여러 차례 시도하며 자체개발의 끈을 놓지 않고 있다. 현시점에서 '진열혈강호'가 중국 진출에 제대로 성공한다면, 엠게임의 가치 또한 그에 상응해 비약적으로 증가할 것이다. 차세대 텐배거의 가능성이 상당히 커 보이는 이유다.

에필로그

✅ 게임주의 역주행

BTS, 오징어 게임, 기생충, 미나리, 채식주의자 등 한국의 콘텐트가 전 세계를 열광의 도가니로 몰아가고 있다. 웹툰이라는 전혀 새로운 장르를 개척하여 전 세계의 콘텐트 판도를 바꾸기도 한다. 웹툰 '나 혼자만 레벨업'을 애니메이션으로 만들어 달라는 해외 청원이 15만 명을 넘어서기도 했다. 20년 전까지만 해도 우리의 젊은 세대들은 일본의 만화와 게임의 주된 소비자였지만, 네이버와 카카오가 내놓은 웹툰 플랫폼의 규모는 일본의 망가 산업 전체를 집어삼키고 있다. 쉽게 상상이 되는가? 지나치게 거시적이고 거창하게 들릴지 모르겠지만, 인류 문화학적 관점에서 한국 사람들의 콘텐트 제작 역량은 전 세계 모든 나라 가운데서도 독보적인 수준이다. 우리 특유의 '한'의 정서 때문일 수도 있고, 아니면 DNA의 작용 때문일지도 모르겠다. 인류 진원지에서 멀리 떨어진 후손들의 DNA에서 도파민 활성이 높게 나타났다는 최근의 고고학 연구 결과에 따르면 인종적 특이점도 한몫하지 않았을까 싶다.

어쨌거나 우리처럼 자그마한 반도 국가에서 제작한 영상 콘텐츠가 전 세계 사람들의 시간을 이토록 오래도록 장악한 사례는 역사상한 번도 없었다. 놀랍다. 이미 너무 익숙해져버린 측면도 있지만, 잠시 멈추고 곰곰이 생각해보면 기이하게 느껴질 때가 많다. 개인적인 견해로는 국내 교육열이 한몫 거들지 않았을까, 하는 느낌이 든다. 대학 수학능력시험을 기반으로 하는 국내 특유의 (때로는 미친 듯한) 교육열은 성장기 국민들 모두에게 개념화, 추상화, 연산 능력을 필수적으로 주입해왔다. 경쟁으로 물든 비뚤어진 교육 제도를 찬양하고자 함은 결코 아니다. 그러나 바로 그런 교육을 통해 함양된 개념 설계 역량은 소수의 자유로운 창작자들에게 힘을 불어넣어 주었다. 그들의 자유로운 공상을글로, 혹은 코드 언어로 풀어낼 힘을 말이다. 이들이 콘텐츠 사업을 개척했고, 그들의 모험담은 다른 세대들의 누군가를 매료시켰다. 그리고이런 선구자들이 만든 제도권으로 후배들이 편입됨으로써 콘텐츠 산업은 국내 최고 인재들의 집합소가 되었다.

게임을 '산업'이라 부르기조차 긴가민가했던 시절, 서울대 전자공학과 85학번 김택진 대표와 컴퓨터공학과 86학번 (지금은 고인이 된) 김정주 대표는 비슷한 시기에 '리니지'와 '바람의 나라'라는 게임으로 국내 MMORPG 시장을 창출해냈다. 특히 '바람의 나라'는 세계 최초의 상용화 그래픽 온라인 게임이기도 하다. 30년 전 역삼동 오피스텔에서 홈페이지 외주 제작을 하던 넥슨은 캐논과 도시바를 넘어서는 글로벌 대기업이 되었다. 이 두 게임의 성공은 학업에 열중하던 국내의 많은 언더독 혁신가들에게 새로운 비전을 제시했다. 이후 그들의 꿈을 먹고 생겨난 '던전앤파이터', '뮤', '열혈강호', '검은 사막', '크로스파이어', '라그나로크' 등 대형 IP들이 우후죽순으로 생겨났다. 그들을 창조해낸 게임사들을 20년간 먹여 살린 작품들이다. 그리고 게임 산업을 창시했던 넥슨과 엔씨소프트는 각각 '프로젝트 ER', '프로젝트 TL'이라는 이름 아래 다시 앞으로 20년을 먹여 살릴 새로운 IP를 올해 내놓을 계획이다. 이러구러 20년 동안 게임 산업이 국내 GDP에서 차지하는 비중은 1%에서 10%로 착실히 성장했다. 국내 경제에서 더는 빼놓고 생각할 수 없는 경지에 도달한 것이다. 아니, 이미 오래전부터 그래왔는지도 모른다.

특유의 과금 모델 때문에 게임 산업은 많은 비판에 시달렸지만, 이 산업의 총 매출 가운데 수출 비중은 이제 60%를 넘어선다. 외화를 벌어들이고 국가 경쟁력을 키우고 있는 산업이라는 뜻이다. 게임 비즈니스의 영속성에 대한 의문은 2000년대 초부터 꾸준히 제기되어 왔지만, 크고 작은 게임사들은 20년 질곡의 세월을 버티며 승승장구하고 있다. 페이스북은 최근 기업의 사명을 '메타'로 바꾸었다. 전방위적 메타버스 기업으로의 변화를 꾀한 것이다. 메타버스의 본질은 결국 가상의 공간에다 현실을 재구성하는 것이다. 가상의 공간을 디자인하는 일에 있어 가장 밀도 높은 역량을 축적해놓은 산업이 바로 게임 산업이다. 메타버스가 주도하는 트렌드에 있어서 게임 산업의 역할론은 재조명될 것이고, 재조명되어 마땅하다.

넷플릭스, 마이크로소프트, 아마존 등의 플랫폼 사업자들의 게임 산업 진출이 가시화되고 있는가 하면, 거꾸로 게임 기업들은 콘텐트 제작사들을 인수하고 있다. 산업 전체의 규모로 본다면야 플랫폼, 게임, 영상 제작업 순으로 나열할 수 있겠지만, 이들 사이의 경계가 점차 모호해지고 있다. 그동안 주변의 비슷한 산업군에 비해 절대적으로 저평가받아온 게임 산업은 자신의 정체성이 흐릿해지면 흐릿해질수록 평가가 더욱 후해지는 역설적 상황을 맞이할 것이다. 하지만 이들은 모두 비대면 공간에 사람을 모으는 일을 한다는 본질적인 공통점이 있고, 플랫폼 사업자와 게임 기업들은 그동안 막대한 자본력을 축적해왔다. 플랫폼 사업자의 콘텐트 제작사 인수는 이미 상당 부분 현실화되었고, 게임 기업의 콘텐트 제작사 인수 역시 앞으로 다가올 5년의 주요 트렌드가 될 것으로 보인다.

부분 유료화 모델과 확률형 아이템의 과금 모델은 많은 비난을 받았지만, 그림자가 있으면 빛도 존재하는 법. 이 비즈니스 모델들은 국내 게임사의 규모를 수조 단위로 키운 동력이었다. 그리고 게임사들은 각각 P2E/NFT 모델의 도입, 콘솔 시장 공략, 인도 및 중동 지역 공략, 소셜카지노 산업으로의 진출 등을 통해 과금의 한계를 돌파하고 더 큰 미래를 꿈꾸고 있다. 게임 산업은 머니 게임의 영역으로 더 깊숙이 들어가고 있다. IP를 개발하는 것뿐만 아니라 해외 최상급 스튜디오를 인수해서 IP를 내재화할 수 있을 정도로 각 회사의 덩치가 커진 것이다. 넥슨이 인수한 엠바크 스튜디오의 '아크레이더스'와 크래프톤의 '프로젝트M', '칼리스토 프로토콜'이 얼마나 흥행에 성공하느냐를 통해서 국내 게임 기업들의 머니 게임 성과를 먼저 확인해볼 수 있을 것이다.

게임 산업이란 곧 IP 산업이다. 세계인들에게 얼마나 매력적이고 독창적인 세계관을 제시할 수 있는가에 그 성패가 달려있다는 뜻이다. 그리고 게임사의 경쟁력은 곧 IP 확장 능력과 개발 능력에서 비롯된다. 2021년은 이례적으로 게임사들이 각자의 역량을 발현하지 못한 해였다. 하지만 2022년은 그와 정반대로 그들이 축적해놓은 경쟁력이 잔뜩 응축되었다가 마침내 폭발하는 해이다. 중소형 게임사들이 각자 조 단위의 매출을 일구고 머니 게임에 참전하기 위해서는 넥슨, 넷마블, 엔씨소프트, 크래프톤 등 업계 리더들의 저평가 국면이 빨리 해소되어야 한다. 그리고 이는 2022년 안에 충분히 가시화될 수 있을 것이다. 한편, 세계 최대 시장인 중국의 경우 더 나빠질 게 없는 상황이다. 정치적 요소를 쉽게 판단할 수야 없겠지만, 판호 발급이 본격적으로 재개된다면 그에 수반되는 경제적 효과는 게임 산업의 제2의 성장기를 마련해줄 것이다.

유희(놀이)에 대한 국내 인력들의 감각과 개념 설계 역량은 전 세계 어떤 민족보다 뛰어나다고 자부한다. 네이버와 카카오가 글로벌 시장에서 의미 있는 성과를 내고 있지만, 플랫폼 사업으로 말하자면 이미 구글과 페이스북으로 인해 운동장이 기울어진 상황이다. 국내 기업이 플랫폼 비즈니스에서 그들을 이기기는 극히 어렵다. 우리 세대에서 현 상황을 전복한다는 것은 상상할 수 없다. 그러나, 게임 산업과 콘텐트 제작 산업이라면 이야기가 달라진다. 우리 기업에도 꽤 희망적인 시나리오를 제법 구체적으로 그려볼 수 있다. 아니, 그것은 지금도 조금씩 현실의 영역으로 넘어오고 있다.

1983년 2월 8일 삼성전자가 D램 반도체 사업을 시작한다고 공표했다. 이때 미쓰비시 연구소는 '삼성이 반도체 사업에서 성공할 수 없는 5가지 이유'라는 보고서를 냈다. 후발주자인 삼성을 조롱한 것이다. 그럴 만도 했다. 하지만 그로부터 불과 9년 뒤 삼성은 일본 도시바를 제치고 D램 세계 1위가 되었다. 한반도 안에는 애당초 시장이 없던 상황이라, 처음부터 해외 시장을 목표로 반전의 전략을 모색한 결과였다. 2000년대 초반 한국 만화계는 주간지까지 사라질 정도로 무너져 '황폐' 그 자체였다. 그렇지만 바로 그런 처절함 때문에 미련 없이 빠른 전개, PC 스크롤에 적합한 스토리라인을 갖춘 웹툰이라는 새로운 장르를 개척해낼 수 있었다. 반면, 망가로 세계를 주름잡던 일본은 출판 시장에 미련을 버리지 못한 채 콘텐츠 사업의 디지털 전환이 늦어져버렸다. 지금 카카오의 픽코마는 일본 만화 앱 순위 1위를 당당하게 점유하고 있다. 참으로 놀라운 일이지만, 돌이켜보면 그다지 놀랍지 않을 수도 있다.

게임 산업의 추이도 이와 같은 맥락으로 바라볼 수 있다. 1990년대 초중반 오락기기를 중심으로 시장이 형성되고 있을 때, 국내 게임 기업들은 PC와 모바일 플랫폼으로 눈을 돌려 세계 시장에 MMORPG의 표준을 제시하지 않았던가. 게임업계 기업인들의 안목과 결단과 의지가 뭉쳐서 내놓은 성과다. 지금 세계를 온통 다 뒤져봐도, 한국만큼 P2E/NFT 시장에 활발하고 열정적으로 뛰어드는 나라는 찾을 수 없다. 우리나라가 이 방면에서도 새로운 표준을 제시할 수 있기를 기대해본다.

최근 세계의 게임 산업은 '클래시 오브 클랜'을 창조한 슈퍼셀과 'LOL'의 라이엇 게임즈를 인수한 텐센트를 중심으로 재편되고 있는 모양새다. 사람들이 으레 그러려니 생각하는 바와는 달리, 텐센트의 최대주주는 중국 기업이 아니라 내스퍼즈(Naspers)라는 이름의 남아프리카공화국 언론 기업이다. 텐센트 창업자 마화텅이 10%의 지분을 보유하고 있으며, 내스퍼즈는 31%의 지분을 갖고 있다. 내스퍼즈는 2001년

마화텅의 사무실을 방문하여 텐센트의 잠재력을 확인한 후 곧장 350억 원을 투자했고, 현재 이 지분의 가치는 수백조 원에 이른다. 우리의 자본력이 세계 최고를 달릴 수준은 아니지만, 텐센트의 성장 전략을 모방할 정도에는 충분한 자본력이다. 그렇기에 크래프톤은 인도와 중동 시장을 신중하게 훑으면서 다양한 분야의 스타트업에 꾸준히 투자하고 있다. 이들 중 어떤 회사가 앞으로 수백조 원의 덩치로 성장할 수 있다거나 없다거나, 어느 누가 단정할 수 있겠는가?

앞서 나는 플랫폼 산업이 이미 기울어진 운동장이라고 말한 바 있다. 플랫폼의 기본 작동 원리는 '네트워크 효과'다. 가입자들이 늘어날수록 또 서비스 시간이 길어질수록 각자 무한궤도로 촘촘하게 연결되어 절대로 무너지지 않는 난공불락의 성이 되는 것이다. 이는 소셜네트워크 관련 시장이 없었을 때부터 이미 영민한 기업가들이 새로운 표준을 제시했기에 가능한 일이었다.

그러나 게임 산업은 다르다. 우리가 게임을 택할 때 얼마나 많은 유저들이 그 게임에 접속하느냐도 물론 고려의 대상이지만, 오로지 그것만 보고 게임을 이용하진 않는다. 그 게임에 탁월한 게임성만 있다면, 다른 게임들의 촘촘한 네트워크를 망치로 내려찍듯 단번에 허물어버릴 수 있다. 플랫폼 사업과의 또렷한 차이점이다. 배틀 로얄 게임 장르의 새로운 표준을 제시한 '배틀그라운드'라든지, 글로벌 MMORPG

시장의 새로운 표준을 제시한 '로스트아크'의 경우를 보면 알 수 있다. 우리의 게임사들에게 아직 세계 게임 시장은 평등하고, 또 우리가 확보한 실탄도 충분하다. 그 저력을 보여준 바도 적지 않다. 우리는 본디 유희의 민족이다. 놀이에 대한 이 감각과 사회 전반의 뛰어난 지적 수준은 '기획력'이라는 민족의 핵심 역량으로 자리 잡았다. 우리는 지구촌 시장을 휘저어놓을 "넥스트 빅 게임"을, 세계인의 마음을 사로잡아 버릴 "킬러 콘텐트"를 얼마든지 기획해낼 수 있을 것이다.

게임주 빅뱅

초판 1쇄 인쇄 2022년 5월 19일
초판 1쇄 발행 2022년 5월 29일

지은이 김단
펴낸이 권기대
펴낸곳 ㈜베가북스
주소 (07261) 서울특별시 영등포구 양산로17길 12, 후민타워 6~7층
대표전화 02)322-7241   **팩스** 02)322-7242
출판등록 2021년 6월 18일 제2021-000108호
홈페이지 www.vegabooks.co.kr   **이메일** info@vegabooks.co.kr

총괄 배혜진
편집 권기대, 곽병완
디자인 이재호
마케팅 이인규, 조민재
ISBN 979-11-976735-6-6(13320)